도
피

예
찬

ÉLOGE DE LA FUITE
By Henri Laborit
© Editions Robert Laffont S.A., Paris, 1976
All rights reserved.
Korean translation copyright © 2024 by Slow & Steady Publishing Co.

이 책의 한국어판 저작권은 PubHub 에이전시를 통한 저작권자와 독점 계약으로
도서출판 황소걸음에 있습니다. 저작권법에 의해 한국 내에서
보호를 받는 저작물이므로 무단 전재와 무단 복제를 금합니다.

도피예찬

앙리 라보리 Henri Laborit 지음
서희정 옮김

Éloge de la fuite

황소걸음
Slow & Steady

일러두기

- 단행본과 잡지는 《 》로, 논문은 〈 〉로 표기했습니다.
- 국내에 번역·출간된 단행본이나 논문은 번역 제목에 원제를 병기하고, 출간되지 않은 단행본이나 논문은 원제에 번역 제목을 병기했습니다.
- 지은이 주는 미주[1]로, 옮긴이 주는 각주*로 처리했습니다.
- 본문에 나오는 성경 구절은 공동번역성서(대한성서공회)를 기준으로 하되, 산상수훈은 개역개정 4판(대한성서공회)을 참고했습니다.

| 서문 |

바람과 바다에 맞서 더는 제 갈 길을 갈 수 없을 때, 범선을 이끌고 갈 방법은 두 가지뿐이다. 바람과 조류의 흐름에 그대로 맡기거나, 세로돛을 최소한만 치고서 파도를 비스듬히 헤치며 나아가 폭풍을 피하는 것. 해안에서 멀리 있을 때는 후자처럼 도피하는 것이야말로 배와 선원을 구하는 유일한 방법이기도 하다. 또한 도피는 평정을 되찾은 수평선 너머로 솟아오를 미지의 해안을 발견하게 해준다. 이 미지의 해안은 화물선과 유조선이 다니던 길을, 예측 불가능한 요소가 존재하지 않는 길을 그대로 따라가기만 하면 되는 운 좋은 자들은 영원히 발견할 수 없는 곳이다.

당신은 분명 '욕망'이라는 이름의 범선을 알고 있으리라.

서문   5

차례

자화상   9
사랑   21
인간에 관한 생각   53
유년기   73
타인   89
자유   99
죽음   113
쾌락   129
행복   139
노동   151
일상   171
삶의 의미   183
정치   197
과거, 현재, 미래   215
다시 해야 한다면   231
이상적인 사회   237
신앙   247
그리고 또…   267

미주   279
옮긴이의 글   280

자
화
상

Autoportrait

자화상
Autoportrait

편집자에게 출판 기획안을 받아보기는 이번이 처음이다. 주어진 주제에 관해 서술할 때 근거로 삼을, 생물학적 코드를 이해하는 데 도움이 될 만한 책[1]을 최근에 이 출판사에서 내지 않았다면 이 제안을 수락하지 않았으리라.

첫 번째 주제는 자화상이다. 30년 넘게 생물학적 현상을 관찰하며 일반생물학에서 신경계와 행동 연구로 관심을 점차 좁혀가다 보면, 의식적인 언어로 개인이 기술한 내용에 얼마간 회의가 생기게 마련이다. 모든 자화상과 회고는 의식적인, 아니 더욱 애처롭게도 무의식적인 위선일 뿐이다.

자화상을 탐구하며 얻은 유일한 확신은 모든 생각과 판단, 논리(적이라고 자평하는) 분석이 우리의 무의식적인 욕구,

다시 말해 자신과 동시대 사람들의 눈에 자기를 좀 더 괜찮은 사람으로 보이게 하려는 노력에 지나지 않는다는 것이다. 우리의 신경계는 자신을 둘러싼 세상, 특히 타인과 매 순간 맺는 관계 중에서 일부 특정 관계에 관심을 집중한다. 태어나면서부터 영향을 받는 이 관계는 사회 문화적 학습을 통해 우리를 조절하고, 충동이 드러날 때 반응하거나 억압하기 때문에 우리에게 좀 더 의미가 있다. 실험적으로 재현 가능한 현상, 다시 말해 우리가 아닌 다른 사람이 우리가 하던 대로 재현할 수 있는 현상을 제외하면 객관적인 것은 존재하지 않는다. 우리의 생물학적 구조를 조직할 수 있는 보편 법칙 외에 객관성은 없다. 우리의 신경계에 기록되는 현상을 봐도 객관성은 없다. 유일하게 인정할 수 있는 객관성은 인간 종에 공통으로 있는, 신경계의 기능을 통제하는 불변의 메커니즘에 있다. 그 나머지는 우리에 대한 우리의 생각, 그러니까 우리가 주위 사람들에게 주입하려 하고 또 대개는 주위 사람들이 우리 안에 심어둔 생각일 뿐이다. 그 이유는 차차 알게 될 것이다.

우리는 자신의 생물학적 구조를 유지하기 위해 살아갈 뿐이고, 수정란일 때부터 이 유일한 목적을 위해 프로그래밍됐으며, 살아 있는 모든 존재는 살아 있는 것 말고는 존재 이유가 없다. 그러나 살아 있는 유기체가 생존하기 위해 쓸 수

자화상
Autoportrait

있는 도구는 자기가 속한 종의 유전자 프로그램뿐이다. 인간의 유전자 프로그램은 신경계고, 신경계는 인간이 태어나서 성장하게 될 생태적 환경과 맺는 관계의 도구이자, 그 환경을 공유하는 다른 인간과 맺는 사회적 관계의 도구다. 따라서 인간은 생태적 환경의 구성에 전적으로 영향을 받게 된다. 이 생태적 환경은 신경계의 구조적 특성에 따라서만 신경계에 스며들고 고착된다. 이 신경계는 유기체의 전체 구조 유지에 필요한 긴급한 욕구에 우선 반응한다. 그렇게 함으로써 신경계는 우리가 충동, 쾌락원칙, (비록 균형이라는 개념을 명확하게 할 필요가 있지만) 생물학적 균형 추구라고 부르는 것에 반응한다. 이때 신경계는 기억 작용, 즉 학습 능력을 바탕으로 사회구조가 강요하는 규범을 감안해 충동의 발현에 유리한 것과 그렇지 않은 것을 파악한다. 사회 문화적 규범을 무의식적으로 학습한 결과인 사회적 통제, 즉 낯선 형태의 보상과 쾌락을 제공하는 사회적 통제에 따라 변형된 충동적 동기는 결국 상상력을 동원하는 요인이 된다. 인간만이 가능한 상상은 인간이 다른 동물 종과 달리 정보를 추가하고 자신을 둘러싼 세상을 바꿀 수 있게 한다. 상상은 자신이 처한 환경, 특히 사회적 소외에서 벗어날 수 있는 유일한 탈출구로, 마약중독자나 정신 질환자는 물론 창의적인 예술가나 과학자도 자주 활용한다. 무의식적 현상인 충동이나 무의식적 자동성*(이하 자동성)과 기능적 길항작용*을 일으키는 상상은 분명 의식 현상의 근원일 것이다.

이처럼 우스꽝스럽게 묘사할 수밖에 없어 유감이지만, 중추신경계 기능은 우리가 하는 모든 판단과 행동의 근간이 되기에 이렇게라도 짚고 넘어갈 필요가 있다. 이 주제는 나중에 다시 다룰 것이다. 중추신경계를 바탕으로 하며 논리적 표현을 가장해 주로 무의식을 표출하는 언어처럼 중추신경계에 대한 지식을 모든 인간이 기본적으로 습득하지 않는 한, 우리가 할 수 있는 일은 많지 않다. 어떤 이야기든 고통과 쾌락을 논하는 말뿐인 말에 그칠 것이다.

이런 사실을 알면서도 진지하게 자화상을 그릴 수 있을까? 그렇다면 사회 문화적 학습으로 포장한 우리의 충동을 논리적으로 표현하겠다는 말 아닌가? 또 인간이 자신에 관해서 할 수 있는 유일한 통찰이 자신에게 유리하게, 타인에게 보이고 싶은 자기 모습에 어울리게 무의식적으로 현상을 왜곡한다는 점을 인지하는 게 아니라는 뜻인가?

----

*   automatisme. 생체 기관의 자율 운동이나 행위, 사고의 무의식적 자동성을 뜻한다.

*   어떤 현상에 관해 상반되는 두 가지 요인이 동시에 작용할 때 상쇄하는 작용.

자화상
Autoportrait

어찌 됐든 사회적으로 격동의 시기*를 지나온 나는 한 인간이 살아온 이야기와 그 이야기를 하는 목적은 관심거리가 아니라고 확신한다. 과학적 엄밀함을 내세워 다른 사람에게 자신을 드러내려고 애쓰는 사람이 있다면, 그의 말이나 글에 영향을 받을 위험을 감수하는 사람들은 모든 과학자나 과학자를 자처하는 자의 뒤에는 일상에 몸담은 한 인간이 있다는 사실을 알아두는 게 적잖이 유용할 것이다. 그를 둘러싼 사회는 분명 그의 내면에 형성된 세계관에 깊이 영향을 미쳤을 것이다. 그가 쓴 책도 이전에 다른 책에서 발표한 이론을 반박하거나, 그 이론에 좀 더 적극적으로 동조하기 위한 결정적 논거를 제공할 뿐이다. 그렇지만 이런 이론은 참이든 거짓이든 인간 조건의 새롭고 근본적인 측면을 다룬다는 점에서 한번쯤 살펴볼 가치가 있다.

내 생각에 어떤 이의 인생 이야기에서 흥미로운 점은 바로 보편성에 있다. 그 인생을 장식한 특별하고 구체적인 사건이나 그 사건으로 빚어진 독특한 성품이나 변화한 모습이 아니다. 보편성은 사회적 맥락이 개인을 결정짓는 방법이다. 개인은 그 맥락의 특정한 발현일 뿐이다.

....
* 2차 세계대전과 1968년 오월혁명.

미심쩍긴 하지만 내 자화상이 얼마간의 호기심을 유발한다면 그것은 임의로 선택된 한 남자의 인격이 가족 환경과 사회적 관계, 위계적·문화적·경제적 계층에 따라 어떻게 형성됐는지, 또 직업 덕분에 우연히 알게 된, 사회적 행동을 지배하는 신경계의 근본 메커니즘에 대한 지식만으로 어떻게 냉혹한 세상에서 벗어날 수 있었는지(적어도 나는 그렇게 믿는다!) 보여주기 때문이다. 그런 점에서 개인적 일화는 부차적 장식이자 부연 설명에 불과하다. 리비도는 전화번호부의 이름만큼이나 많은 배우가 등장하는 무대에서 표출된다. 배우 개개인은 자기 리비도를 충족하려는 욕망에 이끌리고, 각 리비도는 자신이 자리한 시공간의 좁은 영역에서 개별적으로 표출될 텐데, 이렇게 서로 뒤얽힌 리비도의 조밀한 관계망에서 내 리비도를 우선시할 필요가 있는지 모르겠다. 아무도 자기 자신을 비롯한 동시대인의 신경계에 기록된 이야기를 다시 쓸 수 없다. 기껏해야 그 이야기를 소재로 지루한 소설이나 쓸 뿐이다.

우리가 인정할 수 있는 것은 우리가 주위 사람과 관계를 맺게 해주는 신경계라는 도구를 갖고 태어난다는 점, 이 도구는 처음부터 주위 사람의 도구와 꽤 비슷하다는 점이다. 따라서 이전 세대의 문화적 관습을 일시적으로 물려받은 한 시대 사람들이 공유한 전체 신경계가 막 태어난 아이에게도

자화상
Autoportrait

가치판단을 주입하는 사회에서는 그 사회의 구조를 수립한 규칙을 알아두면 좋을 것 같다. 이 가치판단은 그 자체로 이전 세대의 머리에서 나왔다는 점에서 뇌의 구조와 기능은 당연히 알아야 할 지식이다. 그렇지만 이는 이 책에서 다루려는 내용이 아니다.

불완전하게나마 이 지식을 습득하면 모든 인간은 자신이 정상인 상태를 유지하려는 단순한 동기만으로 살아간다는 사실을 깨달을 것이다. 여기서 정상인 상태란 지극히 비정상인 개인으로 구성된 막연한 다수와 비교할 때가 아니라, 사회를 유지하기 위한 가치판단에 무의식적으로 영향을 받은 자기 자신에 비춰 볼 때 정상이라는 뜻이다. 그러려면 상상과 창의성은 끊임없이 문제 삼지만 사회 문화적 관습으로 변형된 충동에 따라 '행동'할 가능성을 유지해야 한다. 그렇지만 이 행동이 일어나는 공간을 타인이 점유하기도 한다. 대립은 피해야 한다. 대립이 있으면 반드시 위계질서가 형성되고, 이런 서열은 한 사람의 욕구 충족을 위해 타인의 욕구를 소외하기 때문에 만족스럽지 않을 가능성이 높다. 반대로 복종한다는 것은 자기 충동에 따라 행동할 수 없어서 생기는 심신 질환을 받아들인다는 말이다. 저항은 파멸을 자초하는 일이다. 저항이 집단적으로 일어나면 그 집단 내부에 바로 서열이 생기고, 독자적인 저항은 정상을 자처하는 비정상적인 다수에 의해 신속하게 그 싹이 제거되기 때문이다. 이제 남은 것은 도피뿐이다.

도피 방법은 여러 가지다. '향정신성'으로 분류되는 의약품을 먹는 이도 있고, 정신 줄을 놓는 이도 있다. 자살을 선택하는 이가 있는가 하면, 홀로 떠돌아다니는 이도 있다. 이 세상이 아닌 다른 세상, 즉 상상 속으로 도피하는 방법도 있다. 상상 속에서는 뒤쫓길 위험이 거의 없다. 심지어 광활하고 만족스러운 영토를 손에 넣을 수도 있다. 누군가는 자기애라고 할 수도 있지만 남들이 뭐라고 하든 상관없다. 이제 현실원칙이 지배하는 세상에서 불안을 야기하던 복종과 저항, 지배, 종전 질서에 집착하는 보수적 성향은 그 특성을 잃는다. 도피자에게 이 세상은 그저 타인에게 '정상'으로 받아들여지려고 거침없이 참가하는 게임으로 여겨지기 때문이다. 현실 세계에서는 지배 집단에서 벗어나려면 벼랑 끝에서 놀아야 하고, 필요한 경우 다른 집단과 관계를 맺어야 가능하지만, 사회집단의 손이 닿지 않는 유일한 세상인 상상 속에서는 만족을 고스란히 누리며 지낼 수 있다.

자기를 정상이라고 간주하는 사람 상당수가 개인과 집단, 계급, 국가, 국가연합 등을 막론하고 지배 구조를 구축하려고 궁리하면서도 정상을 유지하려고 헛되이 노력하는 한, 도피는 자기 자신에 비춰 정상을 유지할 수 있는 유일한 행동

자화상
Autoportrait

이다.

  실제로 피지배자, 헛되이 지배 구조를 구축하려는 자, 비판을 받으면서도 지배 구조를 유지하려고 노력하는 지배자 모두 뇌하수체와 부신겉질(부신피질)이 활성화되는 것으로 실험 결과 밝혀졌다. 이런 상태가 지속되면 몸과 마음이 망가져 내장 질환이 발생한다. 오늘날 흔한 위궤양, 성 무기력증, 고혈압, 우울증 등은 정상으로 보기 어려운 증상이다. 다행히 지배 구조가 저항 없이 안정적으로 유지되는 경우는 거의 없으니, 정상 상태를 유지하려면 서열 경쟁에서 벗어나면 된다. 그러니 도피하라. 나도 곧 뒤따라갈 테니!

사랑

L'amour

사랑
L'amour

　　　　　　　사랑이라는 말로 우리는 모든 것을 설명하고, 모든 것을 용서하고, 모든 것을 인정한다. 그 말에 담긴 의미를 찾아보려고 전혀 노력하지 않아서다. 사랑이라는 단어는 마음, 성기, 종교, 인간 공동체의 문을 여는 마법의 열쇠다. 사랑은 사심 없이 공정한 것, 나아가 초월이라는 베일로 지배 욕구와 소유 본능을 덮어버린다. 사랑은 온종일 거짓을 늘어놓지만, 모든 사람은 눈가에 눈물을 비치며 아무런 토도 달지 않고 이 거짓말을 받아들인다. 사랑은 살인자, 어머니, 사제, 군인, 사형집행인, 종교재판관, 정치인 들에게 영예로운 튜닉*을 걸쳐준다. 감히 본모습을 밝혀보겠다

....
*　가톨릭 성직자가 미사 때 착용하는 긴 제례복, 허리 밑까지 내려와 띠를 두르는 여성용 낙낙한 블라우스나 코트 등을 뜻한다.

고 사랑을 감싸고 있는 선입관을 샅샅이 걷어내는 사람은 현명하다기보다 냉소적이라고 여긴다. 사랑은 별다른 노력을 하지 않고 딱히 위험을 감수하지도 않으면서 모든 생물학적 무의식에 양심을 부여한다. 사랑은 죄책감을 덜어주기도 한다. 사회집단이 생존하려면, 즉 계층구조와 지배 규칙을 유지하려면 인간의 모든 행위 이면에 있는 동기를 무시해야 하기 때문이다. 그 동기를 인지하고 드러내면 피지배자들이 저항하고, 계층구조에 대한 비판이 일 것이다. 따라서 복종에 동기를 부여하고 쾌락원칙과 지배욕 추구를 미화하기 위해 사랑이라는 단어가 필요하다. 나는 이 위험한 단어 뒤에 감춰졌을 무엇, 달콤한 외양으로 가려진 무엇, 이 단어가 수천 년간 영화를 누린 이유를 밝혀보려고 한다. 그 기원부터 살펴보자.

．

신경계의 주요 기능은 자기를 보존하는 방식으로 유기체가 행동하고 환경에 반응해 운동 자율성을 갖게 하는 것이다. 그러려면 신경계는 두 가지 정보원이 필요하다. 하나는 감각기관이 포착한 외부 환경 변화의 특성을 전달하고, 다른 하나는 신경계가 운동 자율성을 활성화해 보호해야 하는 전체 유기 세포 군집의 내부 상태를 알려준다. 유기적 균형(이 용어의 의미를 명확히 하려면 기나긴 여담이 필요하니 이 논의

사랑
L'amour

는 잠시 접어두자) 추구, 생체 항상성, 좀 더 심리학적인 용어로는 평온과 쾌락을 짚어보자. 뇌의 가장 원시적인 구조인 시상하부와 뇌줄기(뇌간)는 내부 자극에 반응하는 행위, 다시 말해 우리가 '충동'이라고 부르는 단순한 행동을 담당한다. 허기와 갈증과 성욕을 충족하는 생득 행동이다.

초기 포유류에 둘레계통(대뇌변연계)이 등장하면서 장기 기억 처리가 가능해졌다. 이때부터 유기체가 주위 환경과 접촉해 생긴 경험은 사라지지 않고 저장됐다가 외부 환경에서 일어나는 변화와 명백한 인과관계가 없어도 유기체 내부에서 환기될 수 있게 됐다. 유기체의 구조 유지를 가능하게 하는 것은 유쾌한 경험으로, 반대로 위협하는 것은 불쾌한 경험으로 저장된다. 유쾌한 경험은 반복하려는 경향이 있는데 우리는 이것을 '강화'라 부른다. 불쾌한 경험은 피하려고 한다. 모든 행위는 학습의 결과다. 그래서 우리는 신경계가 반응해 활동하게 만드는 욕구를 구조 유지에 필요한 에너지와 정보의 양으로 규정한다. 그 구조가 선천적인 것인지 후천적인 것인지와 무관하다. 학습으로 형성된 신경망 구조는 사실상 후천적 구조다. 이 후천적인 신경망 구조는 감정의 근간으로, 감정은 어떤 행위를 하기 위해 동원된 신체 기관의 활동 변화에 따라 혈관 운동의 조절과 혈액량의 변화를 동반하는 정서 작용이다. 이런 적응은 자율신경계의 통제를 받는 심혈

관계에 의해 이뤄진다. 따라서 생명체의 근본적 동기는 유기체 구조를 유지하는 것으로 보인다. 다만 동기는 기본적 욕구에 반응한 충동이냐, 학습으로 습득한 욕구냐에 따라 달라진다. 정신분석학적으로 유쾌한 경험의 반복적 추구는 (충동에 따른 것이든, 학습에 따른 것이든) 쾌락원칙에 부합한다. 여기서 쾌락이란 성적인 것만 뜻하지 않으며, 성적인 것도 경험으로 은폐되고 변형된다. 사회 문화적 금기를 어겼을 때 일어나는 불쾌한 결과는 물론, 개인이 사회 문화적 금기를 존중했을 때 사회집단이 보상하는 유쾌한 결과를 학습하는 외부 현실 인식은 현실원칙에 부합한다.

결국 대뇌겉질(대뇌피질)을 이용해 기억된 경험을 바탕으로 만족을 주는 행위인지 유해 자극을 가하는 행위인지 예상하고, 충족할지 회피할지 전략을 세운다. 따라서 행동에는 세 층위가 있는 것으로 보인다. 가장 원초적인 첫 번째 층위는 내부 자극과 외부 자극에 무의식적으로 행동하고 적응이 불가능하다. 두 번째 층위는 이전 경험의 유쾌하거나 불쾌한, 유익하거나 유해한 기억을 고려해서 행동한다. 기억된 경험이 작용하면 대체로 원초적 충동은 감추고 학습으로 습득한 온갖 지식에서 비롯된 동기가 강화된다. 세 번째 층위는 욕망의 층위로, 행동의 결과를 예측해 만족을 주는 행동이나 유해 자극을 회피하는 행동을 확실히 수행하기 위한 전략을 수립하는 상상의 단계다. 첫 번째 층위가 현재 진행되는 과정이라면, 두 번째 층위는 현재의 행동에 과거의 경험을 더하며, 세 번째 층위는 과거의 경험을 바탕으로 미래의 결과를 예상해 현재에 반응한다.

이런 행동은 사물과 존재*(대상)가 있는 '공간'에서 이뤄진다. 강화를 위해 만족감을 학습하게 하는 대상은 유기체가 자유롭게 접근할 수 있어야 한다. 이 유기체는 대상을 자기 것으로 만들거나 대상이 위치한 공간, 즉 자기 '영역'에서 동일한 대상을 타인이 가져가지 못하도록 방해하는 경향이 있다. 앞서 본능을 충족하는 것이라 설명했지만, 유일한 '생득' 행동은 만족을 얻기 위한 행동이다. 따라서 영역과 소유라는 개념은 만족의 학습에서 부차적인 것으로, 모든 동물 종이 사회적으로 획득한 결과물이자 인간 종이 사회 문화적으로 습득한 지식이다. 마찬가지로 사회적 상황에서 만족을 얻는 행동이 일어나려면 지배자가 자기 '의도'를 피지배자에게 강요하는 위계질서가 수립돼야 한다.

한 가지 분명히 할 게 있다. 지금까지 살펴본 바와 같이 일반적으로 신경계가 행동을 지배한다. 고통스러운 침해 자극에 반응하는 행동은 도피나 회피로 나타난다. 도피나 회피가

....
*   사람을 비롯해 식물과 동물 등 모든 생물체.

불가능하면 방어를 위한 공격, 즉 투쟁이 발생한다. 어떤 행동이 효과적이어서 평안과 생물학적 균형을 유지하거나 회복한다면, 다시 말해 행동이 만족감을 준다면 이때 쓰인 전략은 다음에 재현할 수 있도록 기억에 저장된다. 그렇게 학습이 이뤄진다. 행동이 효과를 보지 못한다고 해도 행동 억제 프로세스를 작동하는 학습 효과가 남는다. 침해 자극이 일어나는 첫 번째 경우, 침해 자극이나 처벌에 도피나 투쟁이라는 본능적 반응을 지배하는 뇌 영역이 뇌실 주변 시스템(peri-ventricular system, PVS)을 활성화하는 신경 경로를 작동한다. 보상행동을 학습하는 두 번째 경우, 대응 방식이 효과적이었다면 보상과 만족을 주는 행동의 학습과 관련된 뇌 영역을 연결하는 안쪽 앞뇌 다발(medial forebrain bundle, MFB)이 작동하고, 그렇지 않았다면 행동 억제 체계(behavioural inhibition system, BIS)의 영향을 받는다.

최근 우리가 밝혀낸 바에 따르면,[2] 수동적 회피라고 부를 수 있는 행동 억제 체계가 '스트레스'성 내분비계 반응[3]과 교감신경의 혈관 수축 반응을 일으켜 행동을 대기 상태로 만든다. 반대로 혈관을 확장해 근육, 폐, 심장, 뇌에 혈류량을 늘리는 에피네프린(아드레날린) 반응은 '경계' 반응으로 도피나 투쟁 같은 행동을 유발한다. 이런 점에서 만족을 주는 행위, 그러니까 선천적·후천적 욕구를 충족하는 행동을 방해하는 모든 것은 내분비계 교감 반응을 유발하고, 이런 반응이 지속되면 신체 기관의 기능에 해로운 영향을 끼친다. 이는 불안을 불러일으키고 심신질환의 원인이 된다.

이는 미국 보험회사가 50세 이후에 수축기 혈압 140mm/Hg, 이완기 혈압 90mm/Hg 이상인 사람들의 사망률이 다른 집단에 비해 상당히 높다는 점을 얼마나 강조하는지만 봐도 쉽게 알 수 있다. 두 칸으로 된 방에 쥐를 넣고 빛과 소리로 신호를 준 다음 몇 초가 지나면 발바닥에 전기 자극을 주는 능동적 회피 실험에서, 우리는 쥐가 행동할 수 있다면(즉 옆 칸으로 도피할 수 있다면) 7일 연속 매일 7분씩 전기 자극을 줘도 지속적인 고혈압을 유발하지 않는다는 점을 확인했다. 반면 두 칸의 통로를 막아서 도피 가능성을 차단한 경우, 쥐는 바로 무기력한 반응을 보였다. 7일간 실험이 끝나고도 고혈압이 나타난 이 쥐는 한 달 뒤, 실험이 중단된 지 적어도 3주가 지났는데도 만성 고혈압이었다. 동일한 실험 조건에서 두 마리를 함께 방에 넣으면 쥐가 도망가지 못하지만, 싸우면서 공격성을 표현할 수 있게 하면 만성 고혈압이 나타나지 않았다. 실험이 끝날 때마다 전기 충격으로 경련을 일으켜 장기 기억 형성을 막은 경우에도 마찬가지 결과를 보였다. 이 경우 장기 기억은 유해 자극에 대한 행동이 효과가 없었다는 점을 저장한 것이다. 따라서 행동 억제 체계를 작동하는 데 장기 기억이 필요하다는 점을 알 수 있다.

우리는 공격성을 조직 체계의 엔트로피를 늘릴 수 있는 에너지의 양, 다시 말해 조직 체계의 구조를 파괴할 수 있는 에너지의 양으로 정의했다.[4] 직접적인 물리적·화학적 공격성과 달리 사회심리적 공격성은 반드시 개체에 침해 수용적일 수 있는 것의 기억과 학습을 통해 발생한다. 공격성이 적절한 운동 행동으로 해소되지 못하면 방어적 공격 행동으로 이어지는데, 인간은 그 행동이 자살이 될 수도 있다. 하지만 처벌 학습으로 행동 억제 체계가 작동하면 복종하고 그에 따른 정신적·신체적 결과인 우울증에 걸리거나, 마약과 정신병 혹은 창의력을 동원한 상상계로 도피하는 수밖에 없다.

우리는 사회적 환경에서 만족, 즉 한 개체가 반응할 수 있는 영역에 자리한 사물과 존재를 자신의 욕구에 따라 이용하는 것을 의미하는 만족은 명백히 지배력을 구축함으로써 얻는다고 지적했다. 동물은 물리적 힘을 바탕으로 지배력을 수립한다. 인간도 오랫동안 마찬가지였다. 하지만 무생물에 정보를 더해 제품으로 '성형'하는 인류의 특성은 곧 교환을 가능하게 했고, 결국 만족 대상을 손에 넣을 수 있게 하는 자본의 축적을 가져왔다. 그 후 자본과 인간의 뇌가 기술정보를 조작해서 만든 기계인 상품 생산수단의 소유 여부로 지배 관계가 형성됐다. 최근에는 제조 과정에서 기계의 중요성이

사랑
L'amour

두드러지자, 추상적·물리적·수학적인 정보를 습득해 기계를 고안하고 통제하는 능력이 있는 사람(기술자)들이 유리해졌다. 이제 지배 관계는 개인이 자신의 전문적 정보를 어느 정도로 추상화할 수 있느냐에 따라 형성된다. 오늘날 이 지배 관계는 전문적인 직업상 위계뿐만 아니라 정치적·경제적 권력 위계의 근간이 된다.

이 과정에서 사랑은 어디에 있는가? 사랑이 우리의 공간에 다른 대상이 공존한 덕분에 실현되는 욕구 충족적 행동에 대한 신경계의 의존이라는 정의는 아마 객관적으로 진실일 것이다. 반대로 미움은 타인이 우리에게 더는 만족을 주지 않을 때, 우리가 욕망하는 대상을 빼앗을 때, 우리에게 만족을 주는 공간으로 침투해 우리에게 만족을 주던 대상으로 자신의 만족을 얻을 때 생겨나지 않던가.

하지만 과학적이고 객관적이라는 이런 관찰적 사실이 사랑하는 이가 느끼는 현실, 즉 말로 표현할 수 없는 기쁨 앞에서 어떤 의미가 있는지 궁금하다. 우리가 방금처럼 사랑을 정의하는 것은 사랑의 인간적인 측면을, 사랑의 상상적이고 창의적이며 문화적인 차원을 등한시하는 것이 아닐까? 맞는 말이다. 행복한 사랑이라면 그럴 것이다. 그러나 누군가 말했듯이 행복한 사랑은 없다. 평생 두 사람만 함께할 수 있을 만큼 좁고 폐쇄적인 공간은 없다. 그 두 사람이 자기 공간의 문을 여는 순간, 세상은 문어발처럼 그들의 특별한 관계 사이로 침투할 것이다. 만족을 주는 다른 대상이 그들 각각과 객관적 관계를 맺는 행동을 할 것이다. 이제 한 사람의 공간은 다른 사람의 공간에 머물지 않을 것이다. 서로 영역이 겹칠 순 있지만, 절대로 완벽히 포개지지 않을 것이다. 진정으로 인간적인 단 하나의 사랑은 평생 뒤를 쫓는 상상의 사랑이다. 이 사랑은 일반적으로 사랑하는 현실 속 존재에서 그 모습을 가져오지만, 곧 크기도, 만질 수 있는 형태도, 목소리도 잃고 현실에 없는 이미지, 즉 진정한 창작품이 된다. 그러면 이 이미지와 처음 이 이미지의 소재가 된 존재를 일치시키려는 노력은 절대 해선 안 된다. 그 사람은 이 이미지에 비춰 볼 때 한낱 초라한 남자나 여자에 불과하고, 무의식을 동원해 부단히 노력한 끝에 그 이미지로 거듭났기 때문이다. 실제로 존재하지 않지만 존재한다고 믿는 이 사랑을 통해 인식이 아닌 욕망으로 만족을 얻어야 한다. 눈을 감고 현실에서 도피해야 한다. 우상과 시와 예술의 세계를 재창조하고, 푸른 수염*이 아내들의 시신을 넣고 잠근 벽장의 열쇠는 사용하지

....
* 샤를 페로(Charles Perrault)의 동화 《푸른 수염(La Barbe Bleue)》은 아내 여섯 명을 죽인 귀족 푸른 수염과 그의 호기심이 많은 아내에 관한 이야기다.

사랑
L'amour

말아야 한다. 우리는 푸른 초원에서도, 먼지가 날리는 도로에서도 무엇인가 다가오는 것을 절대 보지 못할 것이기 때문이다.

앞서 한 말에 일말의 진실이 담겨 있기에, 나는 성적 쾌락과 상상 속 연인이 별개라는 생각에 동의한다. 이 둘은 서로 의존적일 이유가 없기 때문이다. 불행히도 우리에게 성적 만족을 주고, '점유'함으로써 느끼는 만족의 '강화'를 위해 독점을 유지하고 싶은 생물학적 존재는 대체로 행복한 상상 속에서 태어난 사람과 일치한다. 사랑에 빠진 이는 자신의 모델 없이는 살 수 없는 예술가이자, 자기 작품에 한껏 도취해 작품을 낳게 된 소재까지 갖고 싶어 하는 예술가다. 작품을 없애면 한 남자와 한 여자로 남지만, 그들을 없애면 이제 작품도 없다. 작품은 태어나는 순간 독자적인 삶을 얻는다. 상상계에 속하는 삶이자 늙지 않고 시간을 초월하는 삶으로, 시공간에 얽매이고 생물학적으로 만족시키던 육체가 있는 존재와 점점 더 공존하기 어려운 삶이다. 그래서 우리가 작품과 모델을 동일시하고자 고집한다면 행복한 사랑은 있을 수 없다.

사랑이 단순히 개인과 개인의 관계에서 인간 집단의 관계로 넘어간다면 사랑이 인간화할 가능성, 그러니까 만족을 주는 대상에 대한 사랑이 아니라 개념에 대한 사랑이 될 수 있다. 일례로 인간은 조국이라는 개념을 만들어 사랑할 수 있는 유일한 동물이다. 하지만 이때도 사랑하는 상상 속 존재와 그 존재의 모태가 된 모델을 일치시키기는 불가능하다. 이 모델은 여전히 생물학적 모델, 즉 생태적 환경에 따른 동일한 행동 양식과 역사를 공유한 사람들의 집단이기 때문이다. 이 인간 집단은 동서고금을 막론하고 지배와 복종의 위계에 따라 조직됐다. 개인이 집단을 구성하는 동기는 언제나 자신의 생존과 쾌락의 추구인데, 이는 개별적 영역이나 집단에 속한 대상을 점유함으로써 얻어지기 때문이다. 그 결과 인류 역사에서 뒤늦게 개념화된 조국에 대한 사랑은 현실적이고 강력해, 사회 지배 구조인 조국이 최근까지 수백만 명에 이르는 희생자를 낳는 것도 용납했다. 지배자는 항상 피지배자의 상상을 자신에게 이익이 되도록 이용했다. 인간의 상상력은 고통스러운 객관성에서 도피해 만족을 얻을 수 있는 유일한 수단이라 지배자가 이용하기 쉬웠다. 상상력은 신경계에 기억된 요소 사이에서 새로운 구조와 새로운 추상적 관계를 만들 수 있는 연합겉질(연합영역)의 존재 덕분에 가능하다. 하지만 상상적 구조는 기억된 현상과 상상적 구조의 모태가 된 물질적 모델에 긴밀하게 연결돼 있다. 예술가 시민에게 자신의 소외를 야기한 사회 모델의 슬픈 현실을 잊도록 상상 속 창작품인 조국을 사랑하라고 독려하는 것은 사회 문화적 차원에서 위계 유지에 유리하다. 사람들은 드골 전 대통령이

사랑
L'amour

프랑스는 사랑했으나 프랑스인은 경멸했다고 한다. 그는 프랑스에 대한 상상 속 관념을 사랑했다. 예술가는 현실이 강제한 모델보다 자기 작품을 선호한다. 그런데 작품이 흥미로운 점은 사람에 따라 또 그에게 어떤 기억과 이야기가 있느냐에 따라 작품이 달라지고, 상상하는 뇌의 수만큼 서로 다른 상상 속 창조물을 작품이라는 한 단어로 묶어 말하고, 따라서 개인의 상상력에 따라 가변적인 생성물로만 존재하는 작품에 대한 집단적이고 열정적인 여론의 흐름을 형성하기 쉽다는 것이다.

이렇게 객관적 현실과 상상 속 창조물을 구분하는 거리가 늘어나면서 좀 더 강한 자는 창조물을 자신에게 이익이 되도록 이용해 현실을 조작하게 됐다. 지금까지 해석하는 과정에서 나도 상상계에 더 큰 가치를 부여하고, 가치판단을 하는 듯 보였을 것이다. 그렇지만 종의 진화가 상상력과 연상 과정을 가능하게 하는 신경 형성을 발전시켜 인간에 이르렀다는 점에 주목하는 일이 가치판단을 하는 거라고 생각하지 않는다. 이는 객관적인 사실을 확인하는 일이다. 그러나 원시인류의 충동이 우리의 무의식을 지배하기 때문에 상상계가 이 충동에 종속된다는 점을 인정한다고 해서 어설프게 의식적인 담론을 내세워 충동이 행동을 지배하도록 상상계를 이용해야 한다는 의미는 아니다. 충동과 상상계의 관계는 열역학적 육체와 정보를 제공하는 오메가 포인트*의 영원한 투쟁 관계와 같다. 이 둘은 어느 하나도 다른 하나 없이는 존재할 수 없고, 어느 하나를 다른 하나로 한정하는 것도 절대 불가능하다. 노버트 위너*가 지적한 대로 정보는 정보일 뿐이기 때문이다. 정보가 질량과 에너지 없이 존재할 순 없지만, 질량과 에너지는 아니다.

한편 기대할 수 있는 것도 있다. 예술가의 작품이자 사랑에 빠진 이의 작품인 창조물이 어느 한 집단에 국한되지 않는다는 점이다. 인류 전체로 확대될 수 있으며, 인간이라는 보잘것없는 육체가 (슬플 때도 있고 즐거울 때도 있는) 동기의 원천이자 (상상 속에서 거리낌 없이 만족을 얻으면서 육체에서 도피하려고 하는 만큼 육체를 이용하려는) 욕망의 원천이자 (해방의 필요조건인) 불안의 원천이 될 수도 있다. 이 보잘것없지만 창의적인 육체가 자신의 창의력을 사회 문

....
* omega point. 프랑스 종교철학자 피에르 테야르 드 샤르댕(Pierre Teilhard de Chardin, 1881~1955년)이 주장한 용어로, 우주의 진화가 정점에 이른 지점을 말한다. 전지전능한 존재, 우주의 초월적인 창조를 주장하는 그리스도론에서는 그리스도를 지칭한다.
* Norbert Wiener(1894~1964년). 미국의 수학자, 사이버네틱스(생명체, 기계, 조직과 이들의 조합으로 통신과 제어를 연구하는 학문) 창시자. 물리학, 전기통신공학, 신경생리학, 정신병리학 등에도 중요한 공헌을 했다.

사랑
L'amour

화의 감옥, 단어의 감옥, 미리 짜인 틀의 감옥, 사회집단과 예배당과 언어와 계급의 감옥에 가두지 않았으면 좋겠다. 어느 한 집단에 속한 이들만 만족시키려는 것은 근본적으로 인종주의적인 태도다. 인종주의는 인류가 도달한 단계에서는 생물학적으로 근거가 없는 이론이지만, 사회조직의 모든 층위에서 시대에 뒤처진 구조를 보호하기 위해 일반화되고 있다고 이해하면 된다.

 가끔이나마 저녁에 잠자리에 들면서 자신의 난해한 무의식을 이해하려고 해본 사람이라면 누구나 자기가 자신을 위해 살았다는 점을 알 것이다. 지배 구조로 이뤄진 세상에서 자신의 쾌락을 구할 수 없는 이들이나 마약중독자, 시인, 정신질환자처럼 상상계로 여행을 떠나려는 이들도 마찬가지다.
 그렇다면 인간 사이의 교류, 인간의 온기로는 무엇을 할까?
 "인간은 과학과 예술 등 교류할 수 있는 수단을 분명 갖고 있다. 나는 악수보다 책으로 많은 것을 배웠다. 나는 책을 통해 인간이 가진 최상의 것을 알았다. 인간은 이렇게 자신이 남긴 흔적으로 역사 속에 영원히 존재할 것이다."
 하지만 알아두면 좋을 법한 내용을 문자로 남기지 않는 사람이 얼마나 많은가? 고통받는 자와 일하는 자는 글 쓸 시간이 전혀 없다.

"맞는 말이다. 하지만 우리가 그들과 접촉하려는 이유가 단순히 그들이 진 십자가가 무엇인지 물어보고 거들기 위해서인가? 보호를 가장한 간섭, 자기애, 지배의 추구는 어떤 얼굴이나 하고 있을 수 있다. 타인과 접촉은 언제나 둘이 함께 있는 상황에서 이뤄진다. 타인이 당신에게서 찾는 것은 종종 당신이 아니라 그 자신의 모습을 발견하기 위해서고, 당신이 타인에게서 찾는 것 역시 당신 자신이다. 태어난 순간부터 생태적 환경은 당신의 뇌라는 기억의 천연 밀랍 위에 고랑을 파뒀고, 당신은 무의식의 세계인 그 고랑에서 벗어날 수 없다. 말과 행동 모두 매우 헌신적이고 희생적으로 보이지만, 무의식적 동기는 언제나 의심스러운 사람도 가끔 눈에 띈다. 나와 같은 사람은 어느 날 문득 사회적 신분 상승이나 지배력을 얻기 위해 투쟁하는 과정에서만 타인을 인식하는 일에 질리기도 한다. 이 세상에서 당신이 가장 자주 만나게 되는 사람은 인간이 아니라 생산자와 전문가다. 그들도 당신에게서 인간이 아니라 경쟁자를 보고, 당신의 만족을 위한 공간이 그들의 공간과 상호작용을 하게 되면 그들은 기선을 잡고 당신을 굴복시키려고 할 것이다. 히피로 변신하거나 마약에 손대지 않겠다면 도피해야 하고, 가능하면 투쟁을 거부해야 한다. 당신의 적은 절대로 혼자 오지 않기 때문이다. 그들은 집단이나 기관의 힘을 빌린다. 울타리 친 결투장에서 일대일로

사랑
L'amour

겨루던 기사도가 있던 시절은 지났다. 요즘은 형제 집단이 힘을 합쳐 한 인간을 공격한다. 불행히 대결이 벌어져도 그들은 승리를 확신한다. 그들은 당시의 사회 문화적 규범, 편견, 순응주의를 표상하기 때문이다. 당신은 홀로 거리를 걷는데 다른 사람들은 무리지어 대중교통을 타는 것과 같다."

그렇지만 제복을 벗고 계급장을 떼는 데 동의하는 사람을 만나면 얼마나 기쁘겠는가! 우리는 모두 주치의 앞에 선 제독처럼 맨몸으로 돌아다녀야 한다. 그러면 서로에게 치료사가 되지 않겠는가? 자신이 환자라는 사실을 알아도 치료받고자 하는 이는 별로 없다. 그들은 자비로운 사회가 어릴 적 요람에 넣어준 위생과 예방에 관한 책에 나온 규칙을 충실하게 따랐기 때문이다.

앞에서 현실과 상상을 구분한 것은 사회조직의 층위에서도 나타난다. 개인과 개인의 관계는 사회적 상황에서 작동하는 인간 신경계의 기능을 바탕으로 형성되고, 직업적 위계와 지배로 이어지는데, 이는 분명 현실이고 실제로 체험하는 일이다. 그러나 신경계는 선천적이고 후천적인 구조적 근원을 자각하지 못한 채 무의식적으로 작동한다. 상상력도 신경계의 작동 원리와 마찬가지로 원시인류의 진화 단계에서 비롯한 것이다. 창의성은 지배 체계를 구축하는 수단인 기술적 혁신과 상품을 기준으로만 인정된다. 그에 따른 불편함에서 벗어나려고 인간은 이런 비인간적 관계가 사라질 사회구조를 제안하기 위해 때때로 상상력을 사용하기 시작했다. 앞서 설명했듯이 이런 비인간적 관계는 안타깝게도 당사자는 절대 인지하지 못한 채 사회 문화적으로 습득된 지식으로 유도된 충동적인 무의식의 표현이기 때문에, 상상 속 작품에 대한 사랑은 심층적 기원을 제거한 현실과 결코 일치할 수 없다. 사랑이라는 단어는 인간에 의한 인간의 모든 착취를 용서하는 기만적인 용어로 남았다. '방패'라는 단어가 총알을 막아주지 못하듯이 가장 원초적인 동기 앞에서는 아무런 힘을 쓰지 못하는 사랑과 다른 본질이 있다고 주장하기 때문이다.

삶이 우리에게 제기하는 문제에 대해 나는 어떤 교리문답에서도, 어떤 민법이나 도덕률에서도 답을 찾지 못했다. 예수가 내게 답을 줬지만, 그가 별로 추천할 만한 인물이 아니라는 점은 차치하더라도 나는 그가 때로 만나는 사람에 따라 얼굴을 바꾸는 건 아닌지 의심스럽다.

그를 아는 이들에게 예수는 앞서 말한 상상의 화신, 즉 구현된 작품이다. 그러나 상상이 구현됐다는 점만으로 그가 우리보다 낫다고 할 수 있는가? 그러려면 그가 인류는 물론 인류를 구성하는 개인의 상상으로 구현된 존재여야 한다. 내

사랑
L'amour

생각에는 그도 사랑이라는 단어를 남용했다. 사랑이라는 단어가 사용된 맥락에서 증오라는 단어를 선택하는 게 나을 수도 있다. 증오에는 그만큼의 사랑이, 사랑에는 그만큼의 증오가 담겨 있다. 둘을 구분하는 것은 내분비학적인 차이일 뿐이다.

인류를 사랑한다고 말하는 것은 같은 층에 사는 이웃을 (그저 '척'만 하지 않고) 사랑하는 것보다 쉽다. 하지만 아내와 아이들이 자기 공간적·문화적 영역에서 만족을 주는 대상일 때 그들을 사랑하는 것이 인류라는 추상적인 개념을 사랑하는 것보다 쉽다. 즉시 반박하는 사람도 있겠지만, 평화롭게 살기 위해서는 아무 영역도 없어야 할 것이다. 다시 말해 신경계가 없거나 반대로 지구 전체를 만족을 얻기 위한 영역으로 간주해야 할 것이다. 물론 "내 영역은 이 세계에 없어…"라고 말할 때 그 영역은 구조의 세상, 상상계에 속한다. 안타깝게도 상상은 신경계에서 시작되고 구조는 전체의 구성 요소, 즉 언제나 작품이라는 전체 요소를 조직하기 위해서만 존재한다. 우리는 모델과 함께 살고 작품을 위해 죽는다는 점을 받아들여야 한다. 이는 정신분석학자가 말하는 '쾌락원칙'과 '현실원칙'의 영원한 갈등이고, 나도 '승화'를 제안하려 한다. 그런데 승화가 전부는 아닌 것 같다. 내가 말하는 현실은 우리가 만지고 느끼고 볼 수 있는 직접적인 환경이 아니다. 타인이 나와 다르고 내 마음대로 재단할 수 없는 존재며 그에게도 나름의 자율성이 있음을 인정한다 해도(그러다가 무관심하다는 말을 듣기 쉽지만), 그 현실은 아직 전반적으로 충분히 알려지지 않았고, 오히려 문화에 의해 심각하게 왜곡돼 누구나 동일한 이점을 누릴 수 있다는 점을 받아들이기 어렵다. 타인을 사랑한다는 것은 그가 내 욕망과 만족을 충족하지 않는 방법으로 생각하고 느끼고 행동할 수 있고, 내가 아니라 그 자신의 개인적인 만족 체계에 따라 산다는 점을 받아들일 수 있다는 뜻이어야 한다. 하지만 수천 년간 이어진 문화적 학습은 사랑이라는 감정을, 타인을 소유하고 자신의 입맛에 끼워 맞추고, 자신이 만든 그의 이미지에 매달리려는 마음과 단단하게 연관시켰다. 그 때문에 앞서 말했듯이 제대로 된 사랑을 하는 사람은 외려 무관심하다고 간주할 정도다.

우리를 직접적으로 둘러싸는 공간 외에도 만족을 얻을 수 있는 공간이 존재한다. 전자와 마찬가지로 현실이지만 간접적인 공간이다. 이 간접적 공간 덕분에 우리는 공동체와 사회에 접근할 수 있다. 지구가 바로 그런 공간이며, 그 공간을 채운 사회구조는 현실이다. 하지만 손과 눈과 입술로는 그 현실에 닿을 수 없다. 매스미디어를 통해서만 영향을 미칠 수 있다. 언어라는 상징체계와 개념의 표현을 통해서만 이 현실

사랑
L'amour

에 권위를 세우고 권력을 행사할 수 있다. 이 과정에서 분명 지배적 언어와 개념에 부딪힐 것이다. 하지만 이 같은 갈등은 인간과 인간이 관계를 맺고 있는 곳이 아니라 다른 층위의 조직에서 나타날 것이다. 우리는 개인을 지배하는 모든 무의식이 지배력을 얻기 위해 갈등하는 협소한 공간에 더는 갇히지 않을 것이다. 무엇보다 다른 층위의 조직에 속하기 위해 지구 끝까지라도 도피할 수 있다. 그러니까 자신의 현실을 가족이나 사회의 오이디푸스콤플렉스에 갇힌 구조가 아니라 개방적인 구조로 만들라는 말이다.

실망했는가? 아마도 그럴 것이다. 사랑에 대해 나처럼 이야기하는 것을 들으면 불쾌할 것이다. 하지만 바로 그런 차이 때문에 마음이 놓일 수도 있다. 정신이 물질을 초월한다는 사실을 알기 때문이다. 개별적이든 보편적이든 사랑은 인간이 자기를 초월하게 만든다는 사실을 우리 모두 알고 있다. 사랑은 때로 인간에게 자기 목숨을 희생하는 것까지 받아들이게 만든다. 달리다*는 더할 나위 없이 인간적이어서 자유주의 세계에 사는 대중의 심금을 울리는 악센트로 "파롤, 파

.....
*   Dalida(1933~1987년). 이집트 출신 프랑스와 이탈리아 국적의 가수 겸 배우.

롤, 파롤"*이라고 속삭였다. 우리는 이전 세대의 영광을 가능하게 한 것이 그저 단어가 아니라 영원한 가치고, 그 가치 덕분에 산업 문명과 고문, 대량 학살이 벌어지는 전쟁, 생물권 파괴, 인간의 로봇화 등 굵직한 일련의 사건을 경험하게 됐다고 알고 있다. 물론 이런 성공의 책임을 젊은 세대에게 돌릴 순 없다. 그들은 아직 성공하기 위해 그곳에 있지 않았고, 일과 가족, 조국이 무엇인지 제대로 알지도 못했다. 그들은 미래에 위계를 무너뜨릴지 모른다. 세상을 이와 같이 만든 공로에 보상하고 엘리트를 만들기 위해 필수적인 이 체계를 없애버리는 것이다. 비평계 전반에서 '진솔한' 억양으로 인간 조건의 위대함과 고독함을 표현할 줄 아는 진정한 인문주의자라고 인정하고, 얼마 전부터 우리 서점가를 자신들의 글로 채우고 있는 진중한 사상가들은 말한다. 지난 세대에게 행복을 준 가치, 그것이 없었다면 어떤 사회도 현재 우리가 도달한 위치까지 오길 기대할 수 없었을 그 가치로 돌아가라고. 그러지 않으면 우리는 그들이 속한 엘리트 집단을 잃을지 모르니 이 얼마나 애석한 일인가. 누가 공로의 배분과 잉여가치

....

* 'Paroles paroles'은 세계적으로 유명한 샹송이다. 시간이 지나면서 이 노래 제목이 집단 무의식에 자리 잡아 공허한 말을 하는 이를 지칭하는 일상 언어가 됐다.

의 사용을 결정하며, 누가 대기업과 은행을 '인간적으로' 경영하며, 누가 국가와 무역과 산업의 방향을 잡고 과거 지배층처럼 현대사회를 꾸준히 이어갈 수 있을까? 오늘날 이 이상적인 세계를 거부하면서도 그 특혜를 고스란히 누리던 모든 청년은 인간의 행복을 보장하기에 가장 확실한 방법인 자신의 신분 상승과 경제성장을 위해 일을 시작하는 편이 나을 것이다. 폭력은 혁명, 공포정치, 방데 전쟁,* 인간과 시민의 권리 선언을 제외하고는 아무것도 이루지 못했다. 분명 폭탄, 네이팜탄, 고엽제, 공장의 작업 속도, 강력한 경비 병력 등(더 많지만 이 정도만 언급하자)도 있지만, 이 모든 것은 자유와 유대-그리스도교 문명이 무엇인지 알지 못하는 이들에게 자유로운 세상에 감사하도록 가르치기 위해서 존재할 뿐이다. 지고의 선인 생명을 보호하고, 낙태와 피임, (모두 알다시피 에로티시즘과 다른) 포르노를 처벌하고, 조국의 이름으로 군수산업, 군인들이 사용하기에 아무에게도 절대 피해를 주지 않는 탱크와 전투기를 해외에 판매하도록 장려하자. 이 폭탄이 때로 남자와 여자, 아이들의 목숨을 앗아 간다고 해도 그들은 이미 삶의 특권을 누렸고 가족을 이룬 인간적인 기

....
* Guerre de Vendée. 프랑스혁명 시기에 발생한 로마가톨릭교회 세력과 왕당파의 반란.

쁨을 누렸다. 반면에 임신중절수술로 사라진 불쌍한 아이들은 자신이 잃은 기쁨, 우리 곁에 함께하는 행복을 절대 알 수 없을 것이다. 그 아이 중에 프랑스공화국 대통령이 될 아이가 있었을지 어떻게 알겠는가. 모르더라도 내 말을 믿고 그들을 살려두자. 살아 있다는 것이 이상적인 처방은 아닐지라도 당신이 알다시피 고통은 인간을 성장시키고, 고통받지 않는 한 자신을 자각하지 못하니 말이다(이 마지막 문장이 사실임을 보여주려면 각주로 참고 도서를 명시해야 할지도 모르겠다).

맞다. 내가 지금까지 기술한 사랑에 관한 이야기는 슬프다. 영적인 측면이 전혀 고려되지 않았다. 다행히 우리에게는 아시시의 성 프란치스코, 바오로 6세, 미셸 드루아*가 있다. 아직 그들처럼 왜 자신이 살았으며 살고 있는지 아는 이들이 있다. 그들에게 물어보자. 그들은 자신의 희생을 타인에 대한 위대한 사랑 때문이라고 답할 것이다. 그들은 의식 있고 책임 있는 존재니 그 말을 믿어야 한다. 그들이 금욕으로 얼마나 고통받았는지는 그들의 얼굴만 봐도 충분히 이해할 수 있다!

....
*   Michel Droit(1923~2000년). 프랑스 작가이자 저널리스트. 2차 세계대전 때 레지스탕스와 연합군 최연소 종군기자로 활동했다. 드골과 대화한 유일한 저널리스트이며, 1980년 아카데미 프랑세즈 회원으로 선출됐다.

사랑
L'amour

 내가 젊은 시절부터 간직한 근원적 동기가 인류의 고통을 덜어주고, 병을 치유하는 약을 찾고, 피가 나는 상처를 수술하고 붕대로 감싸는 것이라고 말할 수도 있었을 것이다. 내 역할이 그저 육체를 치료하는 데 국한되지 않았으며, 나는 물리적인 육체를 뛰어넘어 도덕적이고 구도적인 인간에 이르고자 늘 노력했다고, 이를 위해 돈까지 내가며 특별한 학회에도 여러 차례 참석했다고, 개인의 이면에 있는 인간의 조건을 파악하기 위해 노력했다고 말할 수도 있었을 것이다. 내 가족의 유전적 특성은 그렇게 하도록 나를 이끌었으며, 어떻게 내 힘으로 명예로운 경력을 쌓아왔는지, 그 과정에서 이기심이나 때로는 바보짓과 부딪히기도 했지만, 그 모든 것이 인간적인 따뜻함, 인간적인 교제, 나의 가장 좋은 것만 주면서 전심전력을 다한 우정과 사랑에서 느끼는 기쁨에 비하면 얼마나 하찮은지 말할 수 있었을 것이다. 그렇게 쓴 책을 읽고 나면 독자는 나와 내 인간적 이상형(이상형이 인간적이 아닐 수도 있을까?)에 대한 높은 식견을 알게 되고, 서둘러 따라 해보려고도 했을 것이다. 새롭게 싹튼 그런 열정에 힘입어 독자 자신, 독자가 속한 사회집단, 국가, 문화, 마지막에는 인류가 풍성해졌을 것이다. 독자는 정당한 자리(자리란 언제나 정당하고 그만한 가치가 있다)에서 고통받는 인류를 나아가게 하는 유일한 가치인 사랑과 성실, 신의, 희생의 이상인 면이 보존되게 할 수 있었을 것이다(눈치챘는지 모르지만 인류는 언제나 고통받고 있다).

그 대신 독자는 자신의 기준에서 볼 때 우리는 모두 부패하고 매수됐으며, 사전에 정해진 기준과 인간적인 가치 체계에 부합할 수 있는 사랑, 이타주의, 자유, 책임, 공덕功德은 존재하지 않고, 이 모든 것은 지배 체계를 구축하기 위한 한바탕 소동이라고 설명하는 한 남자(나)를 만나게 될 것이다. 나는 모든 것은 특정한 사회집단이 부여한 가치로 존재하는 데 그친다고 덧붙인다. 내게는 강제할 수단이 없고, 독자에게 나를 믿으라고 '아무런 제약 없이' 강요할 나만의 종교재판을 열 수도 없다는 점에 유의하자. 나의 평범하고 개인적인 경험으로는 독자들을 이해시킬 수 없을 것이다.

행동 생물학 연구가 나를 돋보이게 해준다고 믿기 때문에 내가 나의 정서적 평범함을 감추기 위해 행동 생물학 연구를 자주 언급하며 논리적인 변명거리를 찾는 것은 아닐까? 타인을 그의 행동만으로 인지하는 나는 타인도 나와 같은 동기가 있다고 믿지만, 그의 진짜 동기는 알지 못한다. 그렇다면 타인은 모두 착하고 인자하고 협조적이고 포용력 있고 단순하고 겸손한 사람이어서 자신이 원하지 않았지만 자기에게 주어진 지배력을 짐으로 여기면서도 고분고분 받아들이는 것일까? 그토록 위안이 되는 휴머니즘, 공치사하는 엘리트를

사랑
L'amour

인도한 승화와 초월을 운운하며 너답게 살라고 조언하는 것일까? 결국 엘리트는 덤으로 받은 비범한 자질 덕분에 지배력을 갖는 것일까? 엘리트들이 그 지배력을 제대로 활용할 줄 아는지 궁금하다.

나는 이렇게 우리가 '사랑'이라고 부르는 것이 우리의 활동 공간에 있는 다른 사람이 허락한 만족을 주는 행동의 강화에서 비롯되며, 그 사람이 내게 만족을 위한 대상이 되길 거부하거나 다른 사람의 만족을 위한 대상이 되어 내게 만족을 주는 행동에서 완벽하게 벗어날 때 상사병이 발생한다는 사실을 깨달았다. 상사병에 걸리면 자신에 대한 이상적 이미지는 손상되고 자기애가 훼손돼 우울증에 빠지거나 공격성을 띠게 되며, 사랑하는 사람을 비방하기도 한다.

나는 세상에 홀로 태어나 살다가 죽는 인간이 자기 보존 외에 다른 존재 이유가 없는 생물학적 구조에 갇혀 있다는 사실을 발견했다. 이를 나보다 먼저 발견한 사람이 많다는 사실도 알았다. 하지만 이상하게 기억과 학습이 타인들을 이 생물학적 구조로 침투시켜 자아의 조직 층위에는 그 타인들밖에 없다는 사실도 발견했다. 마침내 나는 일상생활과 생산 중심 사회에서 인간관계로 감춰진 존재적 불안의 근본 원인은 타인에게 얻은 경험, 대부분 별다를 게 없는 경험 전체를 자기 안에 품고 있는 우리의 생물학적 구조에 따른 고

독임을 깨달았다. 모순과 죽음의 세상에 함께 묶여 있는 죄인인 자신과 타인들이 누구인지 알지 못하는 데서 오는 불안이다. 우리가 사랑이라고 부르는 것이 자신의 결백을 주장하며 부조리한 현실을 인식한 채 형장으로 끌려가는 죄인이 내지르는 기나긴 비명, 타인에게 도움을 구하지만 아무 메아리도 없는 절망적인 비명에 불과할 뿐이라고 깨달았다. 십자가에 매달린 예수는 "엘리 엘리 레마 사박타니?(나의 하느님, 나의 하느님, 어찌하여 나를 버리셨나이까)"라고 비명을 질렀다. 그곳에 그에게 답할 수 있는 이는 엘리트와 산헤드린(공회)*의 신, 즉 가장 힘 있는 자들의 신밖에 없었다. 그래서 우리는 저런 비명을 질러볼 기회가 없는 자, 즉 부자와 잘 사는 자, 공로를 자랑하는 자, 보상을 받은 영웅, '나처럼 해봐'라는 자, '내 생각에는 말이지'라는 자, '뻔해'라는 자, 승화한 자, 확신하는 자, 정당한 자 들을 시기할 수 있는 것이다. 그들은 절대로 도움을 청하지 않고 자신의 사회적 신분 상승을 위한 '발판'을 마련하는 데 만족한다. 유년기부터 사회적 신분 상승만이 행복을 보장한다고 배웠기 때문이다. 그들은 위계 사다리를 오르는 일에 몰입한 나머지 사랑할 시간이 없다.

.....
*   고대 유대 사회에서 최고 재판권이 있는 종교적·정치적 자치 조직.

사랑
L'amour

하지만 타인에게는 이 '숭고'한 '가치'인 사랑을 사용하라고 강력하게 조언한다. 그 밖의 사람에게 사랑은 급작스럽게 어머니의 양수 주머니에서 빠져나올 때 세상의 서늘한 바람을 목덜미로 느끼고, 죽을 때까지 혼자서 자기 자신을 위해 숨을 쉬기 시작한 신생아의 가녀린 울음소리와 함께 시작된다. 이따금 인공호흡의 도움을 받는 이들은 행복하겠다.

나르키소스라고 아는가?

인간에 관한 생각

Une idée de l'Homme

인간에 관한 생각
Une idée de l'Homme

앞에서 이야기한 사랑과 앞으로 다룰 여러 주제는 인간에 관한 생각을 이번에 하는 이야기보다 훨씬 풍성하게 들려줄 것이다. 그러니 여기서는 내가 특히 중요하다고 생각하는 몇 가지 개념만 짚고 넘어가겠다.

인간은 동물이다. 인간은 동물로서 허기와 갈증과 성욕을 느끼는데, 이 원초적 본능을 종 고유의 일정한 관습에 따라 충족하려는 내적 욕구가 있다. 장기 기억과 학습 능력도 있다. 포유류에게 공통된 이 특성은 인간의 해부학적·기능적 특성의 진화로 크게 변화했다. 즉 똑바로 서서 두 발로 걷고 손을 자유롭게 사용하고 두개골이 척추 위에서 재차 평형을 유지하며 소리와 언어의 분절이 가능한 코인두(비인강)가 발달한 결과, 언어와 더불어 상징과 개념 체계가 등장했다. 대상과 거리를 두게 만드는 단어 덕분에 인간에게 새로운 결합

능력, 그러니까 상상을 창조하는 능력이 생겼다. 이 상상력은 인간에게 정보를 창조하고 그 정보로 무생물계를 빚어낼 가능성을 제공했다. 언어를 통해 인간이 습득한 경험을 세대를 넘어 전달하는 일도 가능해졌다. 덕분에 요즘 태어나는 아이는 몇 달 혹은 몇 년이면 인류가 등장한 시점부터 지금까지 축적한 경험을 이용할 수 있다. 왜곡되기 쉬운 구전 정보를 기록으로 보완하기 시작하면서 경험이 축적됐다. 안타깝게도 언어로는 의식적 현상의 논리적 해석만 가능하다. 충동과 문화적 학습은 무의식의 영역에 남아 있다. 우리의 담론을 이끄는 것은 충동과 문화적 학습이고, 담론은 원초적 기능과 무의식화한 습득 지식의 한없이 복잡한 조합을 논리적 변명으로 가린다. 원초적 기능과 무의식화한 습득 지식은 자는 동안 꿈에서 자율성을 회복하는데, 우리가 각성해 의식이 돌아온 뒤에도 그 기억을 간직하고 있을 때는 당황하기 일쑤다. 꿈의 논리는 의식적 담론의 논리가 아니기 때문이다. 꿈의 논리는 뛰어난 창의성을 발휘하며 중구난방으로 달릴 뿐만 아니라, 우리 의식이 받아들이기 힘든 결합 법칙을 따른다. 우리 의식이 거부하고 억압한 무의식과 충동, 욕망의 밸브는 현재 사회의 문화적 규칙을 따르지 않기에 각성으로 의식이 돌아오고 환경에 대한 통제력을 회복한 순간 그 메커니즘을 이해하지 못하는 인간에게 두려움과 호기심을 불러일으킨다.

인간관계에서 필수적 매개체인 언어는 쾌락과 생태적 균형의 무의식적이고 개인적인 추구를 기반으로 수립된 지배체계에 논리와 정당성을 제공했다. 지배자들은 언제나 그렇게 자신의 지배를 정당화하기에 '적절한' 이유를, 피지배자들은 그들의 지배를 경건하게 받아들이거나 거칠게 물리치기에 '적절한' 이유를 찾는다. 철학을 포함한 모든 인문학은 언어의 기만 위에 세워졌다. 언어가 담론을 이끄는 무의식을 전혀 고려하지 않기 때문이다. (아마도 여러 사람 뒤를 이어) 프로이트가 무의식의 가면을 벗기려고 했을 때, 무의식의 정의 자체가 의식하지 못한다는 것인데 그 이론을 어떻게 이해할 수 있었겠는가. 의식이 눈부신 명료함과 단순하고 탄탄한 구성과 구체적이고 현실적인 세상과 정합성*으로 모든 인간관계를 마술처럼 덮고 있는데, 어떻게 무의식의 존재를 인정할 수 있겠는가. 구체적이고 현실적인 이 세상, 좀 더 정확하게 우리가 이 세상에서 얻은 경험이 신경계라는 한없이 복잡한 네트워크로 들어가 충동적 규칙과 문화적 금기에 따라 조직된 상상적 구성물을 발견하고 나서, 감춰져 있지만 분명 존

....
*   整合性. 공리적인 논리 체계에서 우선 필요로 하는 요건으로, 공리계에 논리적 모순이 없는 것. 혹은 그 공리계에서 모순된 명제를 이끌어낼 수 없는 성질이나 상태를 뜻하는 철학 용어.

재하는 다른 세상이 구축돼 있다고 말하면 어떻게 믿을 수 있겠는가. 타인의 침입을 막아내기 위해 우리의 담론을 지배하는 그 다른 세상을.

이 점을 염두에 둘 때 '과학주의'라고 불리는 것에 어떻게 매력을 느끼지 않을 수 있겠는가. 비록 가치판단이라는 늪에서 벗어나게 도와줄 수 있는 불변의 법칙과 원리를 발견하는 데 이렇다 할 성과를 내지 못했다 해도 말이다. 이 과학주의가 수 세기 동안 시행착오를 거쳐 마침내 정상적이고 '비정상'적인 인간 행동의 생화학적·신경생리학적 기원에 관한 변함없고 재현 가능한 현상을 규명했을 때, 과학주의에 물리학과 언어의 관계를 밝힐 첫 번째 유용한 실마리가 있다는 점을 어떻게 부인할 수 있겠는가. 우리가 인간을 생각할 때 어느 부분에서는 과학주의가 필요하다는 점을 어떻게 인정하지 않을 수 있겠는가.

인간은 자신이 죽는다는 사실을 아는 유일한 동물이다. 매일 경쟁적으로 투쟁하고, 신분 상승으로 안위를 추구하고, 가혹하게 기계적으로 노동을 하다 보니 죽음을, 특히 자기의 죽음을 생각할 겨를이 없을 뿐이다. 애석한 일이다. 죽음에 따른 불안은 필시 창의력의 가장 강력한 동기일 테니 말이다. 불안이란 사실상 세상의 이유와 목적을 이해하려는 노력 아닌가? 매번 발견으로 우리는 죽음이 입은 수의를 한 꺼풀

씩 벗기지 않았나? 그렇기에 우리는 불안이 없을 때 제 목숨을 살리려는 사람은 잃을 것이라는 성경 구절도 이해할 수 있는 게 아닐까?

이 대목에서 다시 불안이 등장한다. 불안을 이야기하지 않고 '인간에 관한 생각'을 제시할 수 있을까? 지금까지 이야기하면서 신경계의 근본적인 기능은 우리를 행동하게 하는 것이라는 단순한 견해를 충분히 강조하지 않은 듯하다. 우리는 인간의 의식 현상이 중추신경계의 작동과 확고하게 결부돼 있음에도, '사고思考'라고 부르는 것을 중시한 나머지 그 근본 원인을 망각했고 감각과 함께 행동이 있다는 사실을 잊었다. 그러나 행동은 매우 기본적인 것이어서 행동이 불가능할 때 살아 있는 유기체의 전체 균형이 깨지고, 때로는 유기체가 죽기도 한다. 이런 현상은 사람에게서도 관찰되나, 쥐에게서 훨씬 빈번하게 나타났다. 쥐는 위로가 되는 상상계로 도피할 기회도, 정신병도 없기 때문이다. 도피나 투쟁으로 고통을 피하는 일이 자신을 만족시켜 불안에서 벗어나는 한 가지 방법임을 상기할 때, 우리가 겪는 불안의 주원인은 결국 만족을 위한 행동을 할 수 없다는 사실이다.

우리는 왜 행동을 억제할까? 가장 흔한 이유는 충동과 이를 충족할 때 발생할 수 있는 처벌의 두려움 사이에서 비롯된 갈등이 신경 경로에서 발생한 것이다. 이때 처벌은 물리적 환경에서 올 수도 있지만, 인간에게는 인간적 환경과 사회 문화에서 비롯되는 일이 좀 더 잦다.

충동은 보통 근본적 충동, 더 정확히는 성적 충동을 뜻한다. 이 충동도 학습의 결과일 수 있다. 사회적 환경에서 근본적 충동을 좀 더 수월하게 표출하기 위해 지배력을 추구하거나 사회적 환경에서 비롯된 후천적 욕구를 충족하려고 노력하듯 말이다. 시민법과 이를 집행하는 책임자 그리고 문화가 만든 도덕법의 도움을 받아 충동 억제 체계를 활성화하는 것도 학습의 결과다. 모든 충동은 어느 정도 위장된 방식을 이용해 만족 대상의 사적 소유를 옹호하는 방향으로 유도된다.

불안의 또 다른 원인은 정보 부족이다. 어떤 행동의 결과가 자신에게 어떤 영향을 미칠지, 다음 날 무슨 일이 일어날지 모른다는 점이다. 이런 무지는 효과적으로 행동하는 것을 불가능하게 만든다. 경험과 학습을 통해 우리는 모든 사건이 유쾌하지만은 않다는 사실을 알고 있다. 아직 아무것도 모르고 경험한 적도 없는 사건이 발생하면 그 사건은 불안의 원인이 되는 경우가 많다. 효과적으로 대처할 방법을 모르기 때문이다.

인간은 결국 상상을 동원해 기억된 경험을 바탕으로 일어나지 않겠지만 혹시 닥칠지 모르는 비극적인 시나리오를 작성한다. 이때 두렵긴 해도 있을 법하지 않은 사건을 염두에 두고 자신을 보호하기 위해 미리 행동하기는 어렵다. 행동의 억제가 불안의 또 다른 원인이 되는 셈이다.

죽음에 대한 불안은 한꺼번에 모든 메커니즘을 동원할 수 있다. 죽음 뒤에 무엇이 존재하는지 모를 뿐만 아니라 언제 죽음이 닥쳐올지 모르고, 곧 불가피한 죽음이 다가온다는 것을 알지만 도피나 투쟁 가능성이 없기 때문이다. 그래서 사후가 편하려면 이생에서 문화적·도덕적 규칙을 지켜야 한다는 믿음이 생겨난다. 고통스러울 수 있으나 이생에서 하늘로, 무無로, 연옥으로, 지옥으로 옮겨 가는 모습과 다른 생을 묘사하려는 유대-그리스도교 문명을 자양분 삼아 상상력을 발휘하는 등 이 모든 일은 가장 확고부동한 무신론자의 난해한 무의식과 뒤얽힌 억압에도 일어나는 문화적 자산이다. 그리고 죽음과 관련된 이 모든 일에서 자신을 보호하고 미래를 내다보며 만족을 얻는 행동으로 해결할 수 있는 것은 아무것도 없다.

아무리 눈을 부릅떠도 인간은 아무것도 보지 못한다. 그는 어디서 왔고 어디로 가는지 알지 못한 채 삶이란 어두운 길을 비틀거리며 더듬더듬 헤쳐 나가고, 어둠 속에 갇힌 아이처럼 불안해한다. 이것이 시대를 불문하고 종교, 신화, 점성술, 민간 치료사, 예언자, 점쟁이, 마법은 물론 오늘날의 과학이 성공을 거둔 이유다. 이런 비밀스럽고 잡다한 미신과 지식 덕분에 인간은 행동할 수 있었다. 적어도 인간은 불안을 덜기 위해 그런 것을 믿고 싶어 했다. 하지만 인간은 태어난 순간부터 죽음이라는 족쇄를 차고 있다. 어느 영장류가 시체를 묻을 때 불안을 달래기 위해 그 개체가 살아 있을 때 쓰던 물건을 함께 넣으면 그 순간부터 그 영장류는 인간이라고 불러도 된다고 일반적으로 생각하는 것은 죽음을 생각하지 않겠다는 불가능한 노력을 하면서도 죽음을 알고 있기 때문이다.

기억하는 경험에서 정보를 창조하고 그 정보를 바탕으로 물리적 세상을 만드는 인간의 능력, 즉 인류가 전 지구적으로 성공을 거둔 요인인 창의력은 인간이 자신을 무엇보다 생산자로 여기게 만들었다. 인간의 사회적 관계는 생산관계로 여겨졌다. 하지만 여기서 말하는 생산이 판매 가능한 재화의 생산에 전적으로 국한되지 않았고, 인류는 언제나 겉으로는 이윤을 따지지 않는 듯한 구조를 만들어왔기 때문에(심지어 이 구조를 상품 유통망에 편입하려 할 때조차 돈에 무관심한 듯 보인다) 오래전부터 인간 활동을 기술 활동과 예술 활동으로 구분했다. 오늘날에는 이 둘을 전문 직업 활동과 문화라고 부른다. 문화는 원칙적으로 매매되지 않는 것이고 인간이 자신의 진정한 '본질', 즉 예술과 정신에 도달하게 해주는 선천적 욕구다. 인간에게는 절반은 생산자적이고 절반은 문화적인 측면이 있다는 양면성은 모든 형태의 정치 이념에서 확산시키고 강요하려는 입장이다. 양면적 인간이라는 생각이 좌우를 막론하고 모든 정치 이념의 관심을 사로잡는 이유는 무엇일까?

한 가지 이유는 그 유형과 무관하게 모든 정치 이념에서 인간은 일단 생산수단에 해당한다는 점이다. 모든 이념이 전문적인 정보를 추상화한 정도에 따라 위계를 세우기 때문이다. 하지만 앞서 지적했듯이 무한히 자동화하고 세분화한 생산 활동은 사회에서 대다수를 차지하고, 가장 물리적 노동을 담당하는 계층에게 아무런 매력이 없는 일이자 동기를 제공하지 못한다. 다른 이유는 그런 사회적 불만을 해소하기 위해 문화라는 배출구를 만들어주면 된다고 믿었다는 점이다. 문화는 일과 아무런 관계가 없어 보이기 때문에 문화도 노동력을 유지하고 불만을 잠재우기 위한 용도가 아니면 이용 가치가 없어지는 여가와 비슷하리라고 간주했다.

문화란 예술적이고 문학적인 활동을 통한 인간의 표현으로 여겨졌다. 통상적으로 표현하면 현실원칙이나 객관성과 거리가 멀고, 대상과 거리를 유지한 채 감수성과 상상력을 자유롭게 표출하는 활동이다. 그렇지 않으면 이 활동은 과학이나 기술 활동이 된다.

문화는 창작자와 소비자가 필요하다. 짝을 이루는 이 둘을 통제하는 메커니즘을 살펴보자.

 창작자에게는 동기가 부여돼야 한다. 그러려면 일반적으로 그는 자신이 속한 사회에서 충분한 만족을 찾지 못해야 한다. 그는 상품생산을 기초로 한 계층구조에 편입되는 데 어려움을 겪어야 한다. 이 계층구조에서 사회적 신분 상승을 이루려면 물리학적·수학적 추상화에 적응하는 능력이 어느 정도 필요하기 때문에, 오늘날 의미가 퇴색한 수공업에 싫증 난 많은 사람은 이른바 인문학이나 '문화'적 예술 활동으로 관심을 돌린다. 그러나 문화적 예술 활동은 생산 중심 사회에서 '수익성'이 떨어지고 일자리도 많지 않다. 반면 작품의 가치 평가가 실질적으로 불가능하기 때문에 평가 등급이 고정돼 있지 않고 감정적이고 비논리적인 만큼 예술가에게는 행동할 수 있는 영역, 더불어 자기애적 위안을 받을 가능성이 남아 있다. 예술가는 자신이 인정받지 못한다고 해도 다른 사람의 의견이 옳다고 입증할 확실하고 객관적인 기준이 없기 때문에 언제나 이해받지 못했을 뿐이라고 생각할 수 있다. 이런 측면에서 보면 창작은 일상과 사회적 현실과 계층구조에서 벗어나 상상계로 도피하는 것이다. 하지만 상상계에서 별이 빛나는 하늘에 닿으려면 지배 체계에 맞지 않는 쾌락을 추구하는 충동적 동기는 당시의 사회 문화라는 구름층을 뚫고 지나야 한다. 예술가는 수정란일 때부터 사회적 공간과 시간 속에서 사회 문화와 필연적으로 연결돼 있다. 예술가는 사회 문화에서 도피하지만, 어느 정도 그 사회 문화에 물들어 있다. 아무리 뛰어난 예술가라도 한 시대에 속해 있으며, 자신보다 앞선 세대의 생각을 통합하고 그들이 부과한 문화적 관습에 반응을 보인다. 이 반응에서 그의 독창성이 드러날 수 있다. 하지만 그와 동시대에 사는 이들에게 예술이 모호한 이유도 그 반응에 담겨 있다. 우리의 마음속에 스며드는 감탄과 사랑, 감상의 대상이 되고 싶은 욕구는 예술가에게 비순응주의를 부추긴다. 예술가는 이미 본 것과 들은 것을 거부한다. 창작물과 그것이 불러일으키는 감탄에는 그만한 대가가 들어간다. 그러나 독창적인 작품은 일반적으로 작품을 평가하는 기준에서 동떨어져 있고, 예술이란 객관적이지 않으며 감각이나 현실 세계와 거리를 둬야 한다는 생각 때문에 그 작품에 대해 즉각적인 판단을 내리기는 상당히 어렵다. 예술이란 복수처럼 차갑게 먹는 음식이다. 시간이 지나 방향을 예측할 수 없는 미각(취향)의 진화만이 천재성을 확인할 수 있다.

분명 예술가나 예술가를 자처하는 이는 위계질서에 순응하지 않은 모든 것이 예술의 영역에 속한다고 생각하는 속물에게 지지받을 수도 있다. 속물의 행동은 명확한 편이다. 그들은 뭔가를 생산할 능력이 없는 까닭에 특이한 무엇에 동조하는 듯한 모습을 보여야 자신의 특이성을 주장할 수 있기 때문이다. 속물은 타인의 특성을 가져와 자기 것처럼 내보이며 그것을 이해하고 감상하는 척한다. 그들은 이런 식으로 저속하고 동질화된 무리에서 조예가 깊은 엘리트 축에 끼어든다. 비순응주의자와 속물의 결합으로 시장이 형성된다면 다행히 일시적으로 사회적 성공을 거둘 수 있고, 예술가나 예술가를 자처하는 이들이 소비자와 위계 사다리에 편입될 수 있다. 역사적 경험에 따르면 혁신을 이룬 인물은 대다수 동시대인에게 거의 이해받지 못했다는 사실 때문에 이런 일은 쉽게 일어난다. 이해받지 못한 예술가라는 생각과 창의적인 천재라는 생각은 한 끗 차이다. 다양한 광고 수단으로 팔수 있는 것은 무엇이든 그 존재 이유를 찾은 이른바 자유주의 사회에서 이 한 끗은 간과되기 쉽다. 하지만 예술가가 사회적 성공과 자기애적 치료제를 추구하거나 이를 인정하지도 않을 만큼 편집증적일 수도 있다. 그렇다고 그가 창의적인 천재라는 말은 아니다. 이를 증명할 기준은 없다. 정신 질환자 집단이나 그 언저리에서 재능 있는 예술가를 발견한 기회가 더 많긴 하다. 사실 예술가가 제도에 편입되어 물질적으로나 자기애적으로 이익을 얻기 위해 작품 활동을 하는 것은 아니다. 그는 상상 속에서 만족을 얻었고, 작품은 그 결과물이다. 이렇게 만들어진 작품이라면 그 동기가 덜 의심스럽다.

지금까지 예술가의 동기와 행동을 개략적으로 분석했다. 역사적으로 볼 때 분명 당대에 사회적으로 제자리를 찾은 일부 천재적인 예술가도 존재했고, 그들이 동시대 사람들의 호의를 받았다는 사실을 부인할 수 없다.[5] 사실 예술가의 행동에는 두 차원의 추상화가 존재한다. 첫 번째는 만족을 주지 못하는 현실에서 마음을 달래는 상상계로 도피하는 것으로 해석할 수 있다. 두 번째는 창작품에서 나타나는 것으로, 작품을 매개로 사회적 현실로 회귀하는 것이다. 앞서 살펴본 이유로 이 회귀는 소비자에 따라 다양하게 평가될 수 있다. 그렇지만 소비자는 절대 혼자가 아니다. 앞에서 이야기한 속물을 제외하면 소비자는 어느 한 시대, 어느 한 사회 유형을 대변한다. 우리는 이 지점에서 문화와 문화의 사회적 역할을 다시 마주하게 된다.

권태로운 사회는 여러 가지 이유에서 노동과 생산과 엄격하게 분리된 예술과 문화가 필요하다. 이른바 교양 있는 사람은 무엇보다 교양을 쌓기 위한 시간이 있는 사람이자, 직업상 충분한 여유가 있거나 문화와 연관된 직업에 종사하는 사람이다. 시장 중심 사회에서 교양이 있다는 것은 사회적으로 교양을 쌓을 수 있는 특권층에 속한다는 의미다. 그렇지 못한 이들이 문화에 참여할 수 있도록 기회를 제공하는 것은 어떤 측면에서 사회적 신분 상승을 허락한다는 의미다. 그들에게 문화는 자기애적 만족을 주고, 사회경제적 지위를 향상하고, 타인에게 보이는 자신의 이미지를 개선하는 수단이 된다. 이는 아마도 쓸모없고 비생산적이며 교양이 있는 귀족에 속하지 못한 부르주아의 한에서 비롯된 것 같다. 몰리에르의 《부르주아 귀족Le Bourgeois gentilhomme》에서 주인공이 자신이 도달하고 싶은 계층의 특징을 보여주는 문화적 소양과 화려한 겉치레를 갖추기 위해 애쓰는 모습을 상기하자. 부르주아 귀족은 빠르게 그 수를 늘려가는, 번식력이 강한 족속이었다. 하지만 계층 갈등이 확대되는 상황에서 부르주아는 무엇보다 출신과 처신뿐만 아니라 소유물로도 성립되는 위계에서 맛본 특권을 유지하고 싶었기 때문에, 사고팔 수 있다면 문화를 확산시키는 일도 기꺼이 받아들였다. 이를 통해 차이에 따른 적개심을 달래는 동시에 본질적 차이인 권력과 위계적 지배 관계는 유지하고자 했다. 노동 대중이 문화를 소중히 여기게 하고 문화를 생산적 직업 활동과 고집스럽게 분리하는 동시에 위계를 비타협적으로 유지하려는 부르주아의 노력은 그래서 시작됐고, 노동 대중은 그 노력에 속아 넘어갔다. 산업사회는 오래전부터 전문 지식을 바탕으로 한 위계를 구축하려고 시험과 경쟁을 도입했으나, 문화 분야에서는 그렇지 않았다는 점을 짚고 가야겠다. 산업사회에서 문화란 사회적 권력을 보장할 수 없는 오락거리에 불과하기 때문이다. 따라서 '문화적' 지식의 통제도, 위계도 필요하지 않다. 그저 문화가 권력을 갖지 못한 이들의 불만을 달래고, 자기애적 상처를 감싸길 바란다. 그렇기에 생산 활동과 문화 활동의 근본적인 성격 차이를 유지한 채 문화 활동을 통해 생산 활동에서 수립된 지배 체계를 비판할 수도 있다. 두 분야가 확고하게 분리된 까닭에 객관적인 사회 현실을 반영한 상상의 표현물을 보여도 걱정할 일은 없다. 설령 둘의 교집합이 가능해 보일 때도 개념을 실행에 옮기기 위한 사회조직을 찾거나 마련해야 할 것이다. 다른 한편으론 그래도 두 분야가 가까워지면 위험할 수 있으니 지배 체계에 비판적이지 않거나 사회적 영향을 줄 수 없는 듯한 의미와 내용을 갖춘 문화 위주로 전파될 것이다. 그렇다 해도 문화가 긍정적인 배출구가 되길 바랄 수 있다. 폭력적인 영화가 관객에게 폭력을 부추기기는커녕 아무 부작용 없이 직접 폭력을 행사했을 때와 흡사한 생물학적 변화를 일으킨다는 사회심리학자의 주장도 나름대로 근거가 있어 보인다. 사회를 풍자하는 만담가가 혁명을 일으키는 데 불가결한 요인은 아니었다. 그렇지만 소독·멸균된 후 허용된 문화는 지배 이념에 만담가보다 위험성이 떨어진다. 그런 문화는 위계적 지배 체계의 견고한 골조를 흔들 수 없게 하는 안전밸브에 가깝다. 말로 돈을 만드는 것은 아니기 때문이다. 위계적 권력이 물건의 소유가 아니라 이념적 순응주의와 결합한 국가에서나 말이 중요성을 되찾을 수 있으며, 매매되지 않는 문화는 일탈할 여지가 없다. 반면 자본주의국가에서는 상품의 강한 점착력으로 체계가 공고해져 매매가 가능하다면 어떤 사상도, 심지어 혁명적 사상까지 수용한다. 매매 대상이 된 사상은 체제의 결속을 강화할 뿐만 아니라 그 행위를 승인한 사회의 이념적 자유주의까지 입증한다.

하지만 내 생각에 사실상 서방국가에서 이른바 문화적 자유주의를 중시하는 가장 큰 이유는 그 사회에서 허용하거나 심지어 권장하는 문화란 고양이가 제 새끼도 찾지 못할 만큼 정신없는 난장판과 같기 때문이다. 이 문화적 장신구는 사전의 분홍색 종이*에 완벽하게 표현됐다. 이 표현을 알아두면 라틴어나 다른 언어의 인용문으로 대화를 유식하게 포장할 수 있을뿐더러, 부르주아사회에 대한 평가도 끌어올릴 수 있다. 이런 문화는 로터리클럽 회원의 단춧구멍을 장식한 작은 금속 배지처럼 외적인 용도로 사용된다. 또 계급장처럼 자신이 속한 사회적 계급에 맞게 타인이 행동할 수 있도록 도와

-----

* 라루스(Larousse) 사전에서 보통명사와 고유명사 항목을 구분하는 분홍색 페이지에는 라틴어와 그 밖에 다른 언어의 관용 표현이나 경구가 수록됐다.

주며, 삶이 녹록지 않을 때 사회적 신분 상승으로 보상받는 생산적 활동을 하지 않아도 자신이 속한 사회적 계급을 유지해준다.

문화는 이렇게 무질서하기에 사회경제 체제에 아무 위험도 되지 못한다. 뚜렷한 구조가 없고 부품으로만 구성된 문화라서 개인이 고유한 사회적 삶에서 학습한 대로 자신의 만족에 가장 적합해 보이는 부품을 문화 판매장에서 구입할 수 있다. 이런 상황에서는 불안과 창의성의 모태가 되는 현실적 모순과 맞닥뜨리기 어렵다.

결국 이 문화는 가치판단의 산물이다. 인간이 보고 듣고 생각하게 만드는 메커니즘, 이른바 인간의 선택에 따라 유인 혹은 철회하는 행동의 열쇠는 유아기부터 베개 밑에 감춰져 있고, 어머니가 도맡아 처리했기에 한 번도 만져볼 기회가 없었는데 달리 어쩌겠는가.

세상에 대한 인간의 고착에서 어느 것, 즉 인간의 신경계에 축적된 어느 것도 나머지에서 고립되고 떨어진 것이 아니며, 모든 것은 아직 거의 밝혀지지 않은 엄정한 법칙의 지배를 받으며 인간 내부에서 연결되고 조직되고 정보를 주고받는다는 점을 인간이 깨닫지 못하는 한, 그들은 생산적 인간과 문화적 인간을 구분하는 것을 수용할 것이다. 이 구분 자체가 정신과 물질, 선과 악, 미와 추 등에 대한 믿음처럼 문화적인 현상이다. 그런데도 모든 사물은 존재한다. 사물을 분석하고 구분하는 건 인간이고, 이런 행동은 절대 객관적으로 이뤄지지 않는다. 인간은 태초에 무질서한 상태에서 분류하고, 서랍장과 칸막이와 선반을 만들었다. 인간은 행동하기 위해 자연에 자신의 질서를 적용했고, 이 질서가 자연의 질서라고 믿었다. 인간을 세상과 이어주는 신경계의 기능적인 활동으로 형성된 고유의 기준에 따라 자신이 만든 질서라고 인지하지 못했다.

원시인에게는 뗀석기 문화가 있었다. 이를 통해 원시인은 어설프지만 완벽하게 우주 전체와 연결됐다. 오늘날 노동자에게는 자신이 기계를 반복적으로 움직여 만든 볼베어링의 문화조차 없다. 인간이 우주 전체를 되찾고 자연에 자리매김하기 위해서는 사회라는 감옥에서 지배 이념이 여기저기 조금씩 열어둔 창틈으로 다가서야 한다. 창틈으로 들어오는 바람조차 산업사회의 배기가스로 오염됐지만, 그래도 우리는 이 바람을 문화라고 부른다.

유년기

L'enfance

유년기
L'enfance

아기는 태어났을 때 자신이 존재한다는 사실을 모른다. 신체 도식*이 형성된 후에야 비로소 자신의 존재를 알게 된다. 그때까지 아기는 자기를 둘러싼 세계와 자신을 구분하지 못하는, 일부 정신과 의사들이 말하는 '내가 곧 세상의 전부'인 상태에 머물러 있다. 주변 세계와 자신을 구분하려면 행동이 필요한데, 주변 환경에 반응해서 행동하는 시기가 늦은 인간의 아기는 신체 도식이 늦게 형성되는 게 분명하다. 아기가 신체 도식이 형성되는 단계에 도달하려면 촉각을 통해 공간에서 자기의 경계를 정의할 수 있어야 한다는 점은 상상하기 쉽다. 자기 손가락 끝이 신체 일

....
*   Body schema. 신체에 대한 종합적인 내적 지각을 이루고, 신체의 각 부분이 유기적으로 조절되는 것을 가리킨다.

부에 닿았을 때 양쪽에서 전해오는 촉각을 통해 자신을 중심으로 한 닫힌회로가 있고, 자기 신체가 환경과 접촉했을 때 전해지는 감각은 열려 있다는 걸 지각하게 된다. 아기는 대상에 대한 행동으로 발견할 수 있는 정보, 즉 동일한 대상에서 시작해 촉각, 시각, 청각, 후각 등 다양한 경로로 유입한 감각 자극을 신경계에서 종합해야 한다. 서로 다른 감각 신호가 아기의 신경계에서 결합한다는 점에서 이것이 바로 첫 번째 단계의 조건반사라고 할 수 있다.

미성숙하지만 이 신경계는 기본적 욕구에 반응하는 충동적 구조와 환경에 의해 주어진 자동성을 학습하게 만드는 구조, 다시 말해 장기 기억이 가능한 구조를 갖추고 있다. 물론 이 연합겉질은 기억된 정보가 아예 혹은 거의 없어서 연합할 게 전혀 없기에 아직은 쓸모가 없다.

충동적 구조는 유기체의 건강 상태나 고통을 알려주며, 예를 들어 배가 고플 때 울음소리를 내는 식으로 반응한다. 아기의 울음소리는 어머니나 식욕을 충족해주는 누군가의 배려로 금세 잠잠해진다. 자신과 다른 세상이 존재한다는 점을 알지 못하는 아기는 배고픔을 충족하는 것과 관계있는 다른 감각 자극, 즉 어머니의 냄새와 목소리, 어머니 얼굴의 따뜻함 등을 기억하게 된다. 콘라트 로렌츠*가 거위를 대상으로 한 실험을 통해 밝힌 '각인'과 유사한 과정이 이뤄지는 것이 분명하다. 요컨대 조건반사는 보상, 기본적 욕구 충족, 여기에 수반되는 외부감각 자극의 관계를 설정한다.

8~10개월에 접어들면 아기가 점차 환경에 대한 행동으로 주변 환경과 분리된 자신의 존재를 인식하고, 지금까지 모든 보상의 원천인 어머니를 발견하게 된다. 하지만 아기가 자신에게 만족을 주는 대상이 오직 자기에게 속한 것이 아니라 아버지와 형제자매에게도 속해 있다는 사실을 발견했을 때, 아기는 만족을 일부 잃을 수도 있다는 점을 단번에 깨닫고 오이디푸스콤플렉스와 질투, 불행한 사랑에 대해 알게 된다.

아기는 식사나 대소변 가리기처럼 자기 신경계에 주입하려는 단순한 자동성이, 잘 따르면 부모가 보상을 해주는 이유가 된다는 점도 금세 발견한다. 아기가 잘 따르면 부모에게 격려와 칭찬을 받고, 그렇지 않을 때 처벌을 받는다. 따라서 아기는 부모를 처벌하는 수단으로 부적응을 사용하기도 하며, 아기와 주변 환경 사이에 복잡한 상호작용 네트워크가 형성된다.

앞서 말했듯 아기의 뇌는 태어날 때 미성숙한 상태다. 이는

----

* Konrad Lorenz(1903~1989년). 오스트리아 동물학자·동물심리학자. 도시와 떨어진 자연에서 동물과 함께 생활하며 동물의 고유한 행동을 관찰하고 기술했다. 1973년 노벨 생리학·의학상을 받았다.

현재 있는 신경세포 간 연결, 이른바 시냅스 연결이 전혀 형성되지 않았다는 뜻이다. 신경계는 환경의 다양하고 풍성한 정보에 적응할 수 있게 만드는 가소성*이 있다. 태어날 때부터 벽에 검은 세로줄 무늬가 있는 폐쇄된 공간에 갇힌 어린 고양이는 몇 주만 지나도 가로줄 무늬를 '볼' 수 없으며, 그 반대 경우도 마찬가지다. 태어날 때부터 풍요로운 환경, 즉 다양한 사물에 둘러싸인 동물은 성장해서 단순한 환경에 있던 동물보다 훨씬 복잡한 수행 능력을 보인다. 환경이 신경계 형성에 얼마나 중요한지는 다양하고 많은 실험을 통해 입증됐다. 현재 인간 행동에서 선천적 요인과 후천적 요인의 비율을 정확하게 나눌 수 있는 생물학자는 없다. 그러나 신경계가 다른 생물학적 특성처럼 가우스 정규분포곡선*을 따른다는 것을 인정하면 인간이 타고난 기본 구조는 대부분 비슷하고, 자궁에 있을 때부터 환경의 영향이 지배적이라는 뜻이 된다.

우리는 신경계의 훈련, 간단히 말해 교육 체계가 의미하는 바가 무엇인지 명확히 짚고 넘어갈 필요가 있다. 낭테르 빈민

----

* 어떤 유전자형의 발현이 특정한 환경 요인을 따라 특정 방향으로 변화하는 성질.

* 도수분포곡선이 평균값을 중심으로 좌우대칭인 종 모양으로 나타나는 곡선.

가에서 태어난 아이와 파리 16구 중산층 가정에서 태어난 아이의 사회적 환경은 크게 다르며, 두 아이 사이에 공통점은 거의 없다. 두 경우 환경의 영향은 우리가 말하는 것처럼 거의 항상 행동과 판단, 사고의 자동성을 형성하나, 두 경우 모두 언제나 자동성만 있는 것은 아니다. 일반적으로 부유한 환경에서 습득한 자동성은 대체로 엘리트 교육기관을 통한 사회적 신분 상승에 유리하게 작용한다. 이런 교육을 받은 사람은 위계 지배 구조에 부합하는 언어와 태도, 습관, 판단력을 습득하게 된다. 하지만 이것이 창의성이나 사고의 독창성을 발휘하게 만드는지는 확실치 않다. 아마도 막연하게 획일적이라고 느껴지는 이 순응주의가 순응적 속성은 덜하고 개인적 속성이 강화된 것이라고 잘못 평가되는 속물주의라는 또 다른 순응주의로 변화한 듯하다.

아이는 대부분 자신이 처한 환경을 고스란히 표출한다. 아이가 환경을 거부할 때도 마찬가지인데, 이는 아이가 환경에 반하는 비판적인 이면을 표출한 것에 불과하기 때문이다. 아이는 어떤 경우라도 자신에게 주어진 자동성의 기준에 영향을 받으며 행동한다. 어떤 사회집단이든 생존을 위해 자신의 구조를 유지하려 하거나, 가장 적합해 보이는 구조를 얻으려고 노력한다. 사회질서에 순응하거나 순응을 거부하는 방식이 아니라면 한 사회집단이 어떻게 아이들을 '양육'할 수 있겠는가.

　그렇지만 한 시대에 속한 인간의 경험을 바탕으로 이전의 도식*을 재현하는 것보다 나은 방법이 있지 않을까? 모든 교육이 한 인간의 신경계에 놀라운 확신만 주입해 그의 뇌 속 연합겉질이 기능적 독립성을 발휘할 여지를 전혀 남기지 않는다면, 그런 교육을 받은 성인이 어떻게 이전의 도식에서 자유로울 수 있겠는가. 창의성을 위한 교육은 우선 확실한 것은 없고, 적어도 진화의 특정 순간에 일시적으로 효과적일 뿐이며, 작동 가치가 입증되는 즉시 버릴 수 있는 유일한 목적으로 항상 재발견돼야 한다고 말하는 것을 뜻한다. 아이에게는 내가 '상대주의적'이라고 부르는 교육만 의미가 있다고 생각한다. 물론 상대주의적 교육은 사회적 신분 상승이라는 측면에서 도움이 되지 않는다. 요즘 사람들이 기꺼이 그 천재성을 인정하는 랭보, 반 고흐, 아인슈타인만 봐도 그들이 언제 사회적 신분 상승을 꾀했는가? 상대주의적 교육의 결과로 얻게 되는 개성의 개발은 공동체를 위해서도 유익할 수밖에 없다. 공동체란 획일화되지 않은 개인으로 구성되기 때문이다. 상대주의적 교육으로만 관용에 도달할 수 있을 것으로 보인

----

*　　외부 환경에 적응하도록 환경을 조작하는 감각적·행동적·인지적 지식과 기술을 통틀어 이르는 말.

다. 배타주의나 편협함은 언제나 이론이 제기된 적 없는 불멸의 가치인 윤리의 영역으로 격상된 가장 원초적인 자동성에 부지한 탓이자, 무조건 복종한 결과이기 때문이다.

가치판단의 상대성이라는 개념이 불안을 유발하는 것은 사실이다. 일련의 행동 규칙이나 행동 지침서를 가지고 행동하는 편이 한결 간단할 것이다. 적어도 말로는 책임감의 중요성을 자주 강조하는 현대사회에서는 어떤 지침도 개인에게 주지 않으려 애쓴다. 개인이 지배 체계에 불응하는 방식으로 행동하지 않을까 하는 두려움 때문이다. 아이들은 이런 불안에서 벗어나 안정감을 얻으려고 부모가 강요하는 규율의 권위를 스스로 찾는다. 그 아이는 성인이 돼서도 자신이 속한 사회 문화가 강요한 규율의 권위를 찾으려고 할 것이다. 마치 물에 빠진 사람이 구명 튜브에 필사적으로 매달리듯이 사회 집단의 가치판단에 의지한다.

상대주의 교육은 사회 문화를 비켜 가려고 하지 않고 사회에서 살기 위한 불완전하고 일시적인 수단이라는 본연의 자리로 되돌릴 것이다. 또 다른 수단을 만들도록 상상력을 발휘할 여지를 주고 그 과정에서 생겨난 개념 조합 덕분에, 유전자 조합이 종의 진화를 가능하게 했듯이 아마 사회구조의 진화를 가속화할 수 있을 것이다. 그러나 이런 사회적 진화는 기득권을 문제 삼을 수 있는 요인이기에 보수주의 집단에게 공포의 대상이다. 그러니 무엇보다 훗날 번듯한 전문직 '일자리'를 구하게 해줄 수 있는 '좋은' 교육을 아이에게 제공하는 편이 나을지도 모르겠다. 아이에게 '섬기는 법', 다시 말해 지배 체계에 종속되는 법을 가르치는 것이다. 아이에게 종속은 공동체 이익을 위해 행동하는 것이며, 공동체는 제도에 종속되려는 모든 노력에 보상할 거라고 믿게 만드는 것이다. 그러면 종속이 곧 만족이 된다. 자신이 헌신하고 이타주의적으로 행동한다고 확신하지만, 개인은 사회 문화의 학습으로 변형된 자신의 만족을 위해서 행동할 뿐이다.

지난 세월을 돌이켜 보면 내가 인생에서 배운 것, 사물과 존재에 대한 경험, 무엇보다 오늘날 행동 생물학이 밝혀놓은 지식의 정수에 다가갈 수 있게 해준 직업 덕분에, 나는 아이의 신경계에 무의식적으로 생성될 수 있는 자동성을 보고 경악했다. 아이가 제때 제대로 자동성에서 벗어나지 못하고 성인이 된다면 그 감옥에서 벗어나기란 거의 불가능하다. 이후에 그의 가치판단이 때때로 거칠게 자동성을 거부한다면, 다른 논리적 담론이 그의 충동에 좀 더 제대로 부합하고 그가 만족을 얻기에 좀 더 유리한 틀을 제공하기 때문이다. 그의 가치판단은 애초에 주입된 내용과 상반되지만 결국 가치판단의 직접적인 결과물임에는 변함없다. 여전히 가치판단인 것이다.

유년기
L'enfance

　신경계는 우리가 자신의 왕국에 들어가려면 아이 같아야 한다고 점잖게 경고했다. 신경계의 이야기는 얼빠지고 유치한 태도, 가부장주의, 보리설탕 장식물, 기괴한 언어, 감정적인 풍자가 뒤섞인 달콤한 시럽이 됐다. 신경계의 왕국은 이 세상이 아니라 상상의 나라, 어린이의 나라였기 때문이다. 한 시대의 사회적 편견과 통념을 드러내는 낙서가 아직 쓰이지 않은 백지였다. 자동성이 아니라 욕망의 세계, 노동과 잘 배운 수업이 아니라 창의성의 세계였다. 인간의 세계일 수도, 들꽃의 세계일 수도 있었다. 우리는 이런 세계보다 권력과 금력의 세계, 지배와 상품의 세계를 선호했다. 우리는 결국 한 시대에 사는 인간 집단의 편견과 통념의 총합에 불과한 '문화'의 세계를 더 선호했다. 아직 무지의 상태인 아이는 그래서 기회가 있다. 아이는 운동에너지와 균일화한 위치에너지가 아니라 잠재력이다. 아이의 삶이 시작되면 그 잠재력은 현실적으로 되고, 개념적 엔트로피로 인해 원래 상태로 돌아갈 수도, 시간과 학습의 흐름을 거슬러 올라갈 수도 없게 되면서 순응적 행동에 갇혀 그대로 굳어간다. 유년기의 순수한 땅은 상호 적응하는 생태계에서 동식물이 자연스럽게 조화를 이뤄 살아가며 다채로운 풍경을 낳을 수 있지만, 어른은 그 땅을 '경작'하느라, 그것도 보리와 대황, 유채와 비트를 절대 섞어 재배하지 않고 '단일경작'에 몰두하느라 트랙터로 고랑을 파서 지배적 사상 혹은 그 반대 사상의 레미콘으로 영원히 굳혀버린다.

어쨌든 아이를 키우는 방법을 안다고 말하는 사람을 만나면 그에게 아이를 맡기지 말라고 조언하고 싶다. 부모는 적어도 말로나 의식적으로는 자녀가 행복하기를 바란다. 나중에 다시 행복이라는 개념을 논의하겠지만, 행복이라고 불리는 것 이면에 무엇이 있는지 규명하지 않고는 아이들이 행복한 삶을 위해서 무엇을 해야 하는지 생각하기는 아직 어렵다. 지금은 대개 부모가 인생이 무엇인지 아는 어른으로서 아이들이 나중에 행복해질 기회를 최대한 많이 갖게 하려고 무엇을 가르쳐야 하는지 미리 판단한다는 점을 강조하는 데서 만족하자. 부모는 행복이 위계 사다리에서 얼마나 높이 오르느냐와 사회적 신분 상승에 따라 달라진다고 생각한다. 그래서 아이가 일찌감치 경쟁에 돌입하게 만든다. 아이는 반에서 1등이어야 하고, 모범적인 학생이어야 하며, 과제를 해야 하고, 어느 정도 앞서서 전문 지식을 습득하게 만드는 수업을 받아야 한다. 이 전문 지식이 도달한 추상화 단계가 높을수록 지식을 보유한 이가 상품 생산과정에 편입돼 발명과 통제, 단시간에 많은 물건을 생산할 수 있는 유일한 수단인 기계 관리 등을 담당하거나 사유재산의 법적·물리적 보호를 담당할 가능성이 커지고, 그에게 행복을 보장할 수 있는 사회적 신분 상승을 누릴 확률도 높아진다. 물론 '건강을 잃으면 다 부질없다'는 말이 있듯이, 건강하지 않으면 효율적인 노동력도 없다. 그래서 건강과 보건에 관련된 모든 직업도 당연히 계층구조 내에서 높은 위치를 차지해 명성을 누린다.

산업사회에 사는 사람은 자신이 계층구조 내에서 복종하며 많은 고통을 겪을수록, 아래쪽에 있을수록 자식에게 위계 사다리를 올라가라고 가르칠 것이다. 부르주아 가정에서 태어났고 자신도 부르주아인 사람이 이런 행동을 비판하기는 쉽다. 그를 둘러싼 모든 환경이 어지간한 권력을 손에 넣기 쉽게 만들어줬기 때문이다. 전적으로 개인의 경제적 가치를 중심으로 조직된 사회에서 경제적으로 독립하지 못했다는 사실도 이제 행복을 얻기에 유리한 요소로 볼 수 없다. 아직 사회적 신분 상승의 첫걸음도 떼지 못했는데, 다른 사람들이 사회적 출세라는 일그러진 프리즘을 통해서 나를 평가한다면 어떻게 너그러운 마음으로 자신을 바라볼 수 있겠는가. 모든 불평등을 조장하는 권력이 상품의 생산과 관리, 판매에서 보여준 효율성을 통해 획득할 수 있는 것이라면 어떻게 평등을 논할 수 있겠는가.

사회경제적 구조가 강요하는 규칙에 복종해야 행복을 얻을 수 있다고 믿는 부모라면, 자식에게 이 구조에 순응하는 사고와 판단, 행동의 자동성을 습득하도록 강요할 것이다. 하지만 행복은 개인적 문제고 생물학적 신체 균형은 시대와 장소의 사회경제적 구조가 아니라 자기 자신과 맺는 관계에서 얻을 수 있다고 생각하는 부모라면, 사회를 위해서는 나쁜 교육자일지 몰라도 자식에게는 좋은 부모 아닐까? 이 아이들이 나중에 순응주의에 사로잡혀 부모에게 왜 미리 가르쳐주지 않았느냐고 원망하지 않는다면 말이다.

이런 교육을 하기에 가장 적합한 이가 왜 꼭 낳아준 사람이어야 할까? 아이에게 필요한 애정과 심리적 안정을 전적으로 부모가 책임져야 하는 건 아니다. 지금까지 우리가 경험한 가부장적 가족 유형에서 이런 애정과 심리적 안정은 대부분 부모의 자기애와 자식에게 유전자를 남김으로써 영속을 꾀해 죽음에서 벗어나려는 욕구, 자신이 이루지 못한 사회적 성공을 자식을 통해 이루려는 부모의 욕구에서 비롯했다. 아이에 대한 사랑도 대부분 이 사회적 성공에 비례했다. 부모가 도달하지 못한 사회적 지위에 오른 자식을 자랑스러워했으며, 이런 유형의 가족에서는 모든 것이 사물과 존재에 대한 소유권과 유전의 대물림을 중심으로 돌아갔다.

그렇지만 아이의 보호와 교육은 가족 집단뿐만 아니라 모든 사회집단이 담당한다. 아이는 사회집단에서도 충분히 안정감과 애정을 받을 수 있다. 이는 아이를 통해 자기애를 표현하는 부모의 개인주의와 연결되지 않는다는 장점이 있다.

유년기
L'enfance

안타깝게도 이스라엘 키부츠*에서 시도한 실험이 어떤 관점에서는 매우 고무적이지만, 다른 관점에서는 그렇지 못한 것으로 보인다. 아이에게 순응주의적 정신 구조를 강요하지 않는 능력 측면에서 적어도 지금까지 사회집단이 가족 집단보다 나을 것은 없었다. 때로는 가족의 개인주의가 집단의 집산주의보다 매력적인 다형성*을 지닌 것은 아닌지 자문하게 된다. 아버지에게 반항하기가 좀 더 쉬운 이유는 아버지가 집단의 것이 아니라 유일한 존재이기 때문이다. 따라서 모두 지배적 이념의 영향을 받았어도, 서로 다른 생태적 지위에서 성장한 개인이 모인 개념적 조합은 집산주의에 따라 동일한 환경에서 성장한 개인이 모인 개념적 조합보다 많은 갈등을 낳을 게 분명하지만 그만큼 창의성도 활성화된다. 따라서 아이가 자신을 의식하고, (생산관계뿐만 아니라) 타인과 맺는 관계를 의식하고, 모든 생물학적·정신적·사회적·경제적·정치적 형태의 이런 관계에 지식과 관심을 쏟고, 생물권과 인간 생태의 진화에 좀 더 적합한 새로운 관계를 끊임없이 창조하는 상상력을 발휘하도록 북돋우는 것이 어른의 역

....
*   이스라엘의 집단 농업 공동체.
*   같은 종(種)의 생물이면서도 어떤 형태나 형질이 다양하게 나타나는 현상.

할이라고 요약할 수 있지만, 한편으로 그 역할을 위해 사용할 수단은 아직 거의 체계화되지 않았고, 바라건대 앞으로도 그럴 것이다.

우리가 누구인지 분명히 인식한 상태에서 아이의 교육을 어른에게 맡길 수밖에 없다고 생각하면 비극적이지 않은가? 물론 그래서 기술이 진보했을 것이다. 하지만 가장 원초적인 사회적 행동인 자리다툼이 제도화되고 수천 년 동안 재현된 이유이기도 하다. 이런 싸움판에서는 아이들에게 웃통을 벗어젖히고 이두근을 과시하도록 가르칠 수 있다. 이런 태도는 관중에게 강한 인상을 줄지 모른다. 그렇지 않으면 아이가 만족할 만한 공간은 비좁아질 것이다. 아이는 도피를 시도할 것이다. 하지만 어떻게 도피할까? 마약이나 알코올 같은 강한 독성 물질에 의존하는 길을 택할까, 아니면 신경증이나 개인적·집단적 공격의 길을 택할까? 운이 좋으면 창의적인 상상계로 가는 길로 빠질 수도 있겠다. 어찌 됐든 당신이 할 수 있는 일은 별로 없다. 아이의 행복을 위해 노력하기 전에 가능하다면 아이가 불행해지는 데 일조하지 않도록 노력해야 한다. 당신에게 은총이 함께하기를 바란다. 때 이른 죽음으로 당신을 아이가 원하는 신화로 만들 기회를 주지 못한다면 그런 은총이 주어지지 않겠지만.

타인

Les autres

타인
Les autres

우리는 이제 인간과 접촉하지 않은 채 방치된 아이의 순수한 신경계는 절대로 인간의 신경계가 될 수 없다는 사실을 알았다. 인간의 신경계는 타고난 구조만으로 충분하지 않으며, 타인과 접촉하면서 형성돼야 한다. 타인과 접촉은 기억을 통해 우리 내부로 침투하고, 타인의 인성이 우리 인성을 형성한다. 그렇게 인성은 오랜 세월 축적돼 우리 안에서 현실화한다.

그러나 타인은 우리와 같은 공간에 존재하며 만족을 주는 사물과 존재를 동일하게 욕망하고, 생존이라는 근본 목적에서 우리를 방해하는 이들이다. 이제 우리는 그렇기 때문에 지배 체계가 생성된다는 사실을 알고 있다. 타인은 함께 있을 때 더 힘이 나고 든든하게 느껴지는 이들이기도 하다. 모여서 함께 있으려면 동일한 줄기세포에서 분화된 세포처럼 가족 관계를 중심으로 하는 게 가장 직접적이고 명확하고 단순하지 않았을까? 원시적 씨족은 그렇게 탄생했다. 생존을 위해 생태적 환경을 개척하는 데 고립된 개인보다 씨족이 훨씬 효과적이었다. 씨족과 마찬가지로 생존이 삶의 이유인 개인은 분명 자신을 씨족의 일원으로 여기고, 개인이라기보다 전체의 구성원으로서 삶을 꾸렸을 것이다. 생존에 필요한 공간에서 살아가는 상황에서 재산도 개인의 것이라기보다 씨족의 일원인 타인의 재산과 합쳐 씨족의 재산으로 여겼을 것이다. 동물사회에 위계와 지배가 존재하는 만큼 씨족사회에도 위계와 지배가 있었겠지만, 대상의 소유가 아니라 필시 힘과 꾀를 기반으로 구축됐을 것이다. 정리하면 노동 분업이 존재하지 않고 개인과 집단의 목적이 동일했기에 원시인은 오늘날 우리가 상상하기 어려운 타인에 대한 개념을 갖고 있었을 것이다. 기술정보가 위계를 구축하는 근거가 되고 개인의 목적이 집단의 목적과 분리되기 시작한 순간부터 개인의 지배력 확보를 집단의 생존보다 우선시하면서 오늘날 기승을 부리는 극단적인 개인주의가 등장했다. 궁핍한 사회는 아마 풍요로운 사회보다 집단의식이 발달했을 것이다. 콜린 턴불이 전해준 우간다 이크IK 부족의 사례[6]처럼 각자도생이 최고의 생존 기회가 될 정도로 궁핍하지 않다면 말이다. 턴불의 연구는 인간을 인간답게 만드는 것은 사회 문화적 요소며, 따라서 무엇이든 학습되고 변형되고 무의식화할 수 있음을 분명히 보여준다. 문제는 누구를 위해 어떤 구조를 유지하느냐는 것이다. 집단의식은 적대 집단의 침입에 맞서 자기 영토를 지켜야 하는 상황에서 다시 등장한다. 바로 '성스러운 연합'이다. 불행히 영토가 비어 있으면 지킬 수 없다. 사실상 지켜야 하는 것은 영토가 아니라 그곳에 사는 사람들과 함께 영토가 형성한 복합체다. 집단은 특정 영토에서 자신의 생존을 위해 노력하지만, 집단은 조직화한 구조다. 앞에서 살펴봤듯이, 조국이라는 단어는 생태적 테두리와 그곳을 점유한 집단의 총체를 뜻한다. 조국을 위해 살아가고 조국에 의해 움직이는 개인에게 타인, 즉 동족은 대부분 언어와 역사, (애국자에게는 대개 잘못 알려져 있다 해도) 지켜야 할 이익을 공유한 이들이다. 하지만 다국적기업이 자국 영토에서 국가의 명운을 좌우하는 산업을 독점했을 때, 우리는 그 기업을 상대로 무력을 행사해야 하나? 시민은 '자기' 영토가 타인에게 침략을 당했다고 여겨야 하나? 돌려 말하면 '성스러운 연합'으로 정당한 전쟁(전쟁은 언제나 정당하다)을 통해 지켜야 할 것은 바로 지배 체계를 세운 사회구조다. 이 전쟁은 대부분 지배자 간의 전쟁이고, 지배자는 논리적이고 설득력 있는 담론을 통해 자신의 지배력을 수호하는 데 국민을 동원한다. 몇 년 전만 해도 뉴욕 주교가 베트남에 파견된 병사들을 방문해서 되도록 많은 베트콩을 사살해 유대-그리스도교 문명을 지켜야 한다고 선동하는 모습을 보지 않았는가. 딱한 그 사람은 주교가 되면 자신의 복종에 보상해준 위계에서 남다른 지배욕을 키워야 한다고 생각했을까? 그는 시골 사제나 노동자의 신부가 되려 한 적이 있을까? 베트남전쟁은 그가 말한 유대-그리스도교 문명을 보여주는 얼마나 슬픈 사례인가!

따라서 우리는 타인이 없으면 아무것도 아니다. 타인은 적이자 우리에게 만족을 주는 영역을 침범한 자며, 사물과 존재를 손에 넣기 위해 경쟁하는 자다. 위태로운 시기에는 어설픈 사기로 개인은 집단의 이익을 보호하고 전체를 위해 자신을 희생해야 한다고 믿게 만들 수도 있었는데, 그 전체라는 것은 이미 지배 체계의 형태로 조직된 터라 사실상 그는 위계의 수호를 위해 자신의 목숨을 내놓는 것이었다. 결국 한 폐쇄적 체계를 구성하는 집단은 다른 기업, 계층적·기능적 집단, 국가 등 다른 집단을 구성하는 폐쇄적 체계와 경쟁하고, 논리적 담론은 언제나 다른 집단을 말살하거나 복종시키기 위해 반박할 수 없는 구실을 찾는다.

물론 사랑을 설파한다고 이런 현상이 바뀌진 않을 것이다. 우리가 사랑을 어떻게 생각하는지는 앞서 말했다. 우리는 수천 년 동안 사랑이 세상을 구원한다는 이야기를 들었다. 사랑은 사회적 상황에서 일어나는 신경계의 활동과 모순되는 단어다. 자신의 무사 안녕에 죄책감이 들고 피지배자의 증오를 느끼는 지배자나, 지배 체계의 차가운 무관심에 뼈가 부서진 피지배자만이 내뱉는 말이다. 하지만 애석하게도 사랑과 관련한 뇌 영역은 존재하지 않는다. 쾌락과 연관된 다발, 처벌과 고통이 닥쳤을 때 공격적 반응을 보이거나 도피를 명령하는 다발, 운동 행동이 효과가 없을 때 이를 억제하는 체계가 존재할 뿐이다. 이 모든 메커니즘의 전반적인 억제는 사랑이 아니라 무관심으로 이어진다.

적용할 수 있는 유일한 해법은 원래 행동 양식으로 돌아가는 것, 즉 개인의 목적을 집단의 목적에 일치시키는 것뿐이다. 하지만 이 집단은 오늘날 지구 차원으로 확대됐고 인류라는 이름으로 불린다. 닫힌계의 이익, 즉 어떤 폐쇄적 집단의 이익에 부합하는 모든 개인의 목적은 반드시 적대적일 수밖에 없는 다른 집단의 파괴와 부정, 소멸로 이어질 수밖에 없다. 무엇인가를 바꾸는 것은 좋은 감정이 아니다.

왜 그토록 인류에 관심을 보이는 걸까? 당장은 아무런 책임도 지지 않을 타인에 대한 우주적 관점을 내세워 '이웃'에게 관심을 끊을 수 있는 핑계이자 이상주의적 관점이 아닐까? 일상에서 벗어나 만족을 주는 상상계로 도피하는 것일까? 우리가 동참하지도 않을 인류의 미래에 무슨 관심이 있는 걸까? 하지만 우리는 실제로 모두 인류의 미래에 참여하고 있으며, 우리가 상상하지 않는다면 미래는 존재하지 않는다. 불가항력적 필연성의 법칙에 따라 형태를 바꾸는 과거만 끊임없이 반복될 것이다. 감정적으로 나는 인류의 미래에 개의치 않는다. 누군가가 자신의 아이들과 그 아이들의 아이들을 위해서 다른 세상을 원하고, 이것이 '좋은' 세상이라고 말한다면, 그것은 자기애의 표현이며, 자신의 직계라는 이유로 관심의 대상이 된 후손을 통해 삶을 영속하려 하고 죽음의 눈을 가리려는 욕구일 뿐이라고 답할 것이다. 그러니 '타인'을 우리 자신과 빠르게 뒤섞여 분간하기도 어려운 작은 일부로 국한하기보다 독신으로 남아 자손을 남기지 않는 편이 낫지 않겠는가? 우리가 자손을 통해 미래 세계에 우리 존재를 각인해야 할 만큼 흥미로운 존재인가? 이 점을 깨달은 뒤, 언젠가 자신의 생식기를 통해 배출된 데옥시리보핵산DNA 분자 몇 개에 사람들이 보이는 자기애적 애착만큼 나를 슬프게 한 것은 없었다.

인류에 관한 관심은 결코 자애로운 마음에서 나온 이상주의나 관대한 휴머니즘에서 비롯된 것이 아니라 무엇보다 우리 자신을 위한 것으로, 그저 안이한 해결책에 지나지 않는다. 대부분을 차지하는 하위 집단에 보이는 관심과 달리 아무런 성과도 가져오지 못하기 때문이다. 인류에 관한 관심은 논리적으로 쌓아 올린 담론의 결과며, 모든 감정이 배제된 명징함에서 비롯한 것이다. 또 생존하는 것이 '좋은 것인지' '나쁜 것인지'도 모르고, 생존할 수 있는지조차 모르는 한 인간이 자신의 생존을 위해 사용하는 수단 중 하나에 불과하다. 그러나 나는 누군가 인류에 관한 관심이 필연성의 압력에 굴복한 것일 뿐이라고 해도 이해할 수 있다. 적어도 인간이 역사를 통해 도달한 의식 수준에서는 그렇다. 따라서 인류에 관한 관심은 인간에게 딱 맞는, 즉 인간의 눈확이마엽(안와전두엽) 연합겉질에 걸맞게 재단한 필연성의 압력에 관한 문제다. 우리보다 먼저 살았고 자신을 인간이라고 자각하지 못한 인간은 느끼지 못했을 필연성의 압력 말이다.

자유

La liberté

자유
La liberté

                    그동안 내가 해온 수많은 강연에서 벌어진 토론을 통해 청중이 그들의 사회구조와 무관하게 가장 충격적이고 받아들이기 어려워한 개념이 인간의 '자유 부재'라는 걸 알게 됐다. 우리가 말하는 자유가 무엇을 의미하는지 명시하지 않고 감정적으로 막연히 접근하기 때문에 자유라는 개념은 모호하다. 사람들이 인간의 자유 부재라는 개념을 받아들이기 어려워하는 이유는 이를 받아들이면 가치판단을 기반으로 구축된 모든 세계의 붕괴로 이어져 혼돈에 휩싸이기 때문이다. 자유의 부재는 책임의 부재로 이어지고, 책임의 부재는 다시 공로의 부재, 공로에 대한 사회적 인정의 부인, 위계질서의 붕괴를 전제한다. 그러므로 사람들은 대개 유년기부터 자기애를 발전시킨 개념적 틀을 잃기보다 이 주제에 관한 논의를 거부하려 든다. 자유를 '의식의 직접 소여所與*로 받아들이는 것이다. 그렇지만 우리가 말하는 자유는 타인의 계획과 마찰을 빚지 않으면서 자신에게 만족을 주는 행위를 하고 계획을 실행할 가능성이다. 하지만 만족을 주는 행위는 자유롭지 않으며, 전적으로 여러 가지 여건에 따라 결정된다. 행동하기 위해서는 동기가 필요한데, 무의식적인 이 동기는 대부분 내적 충동이나 습득된 자동성에서 발생하며, 생태적 균형과 유기체의 유지와 만족을 추구한다. 따라서 자유의 부재는 두 가지 행동 결정론의 길항작용과 한쪽이 다른 쪽을 지배하는 데서 비롯된다. 사회 전체에서 개인이 자유롭다고 느끼는 거짓된 감각은 각 개인의 행동 결정론이 동일한 목적을 갖도록, 다시 말해 각 개인의 프로그래밍이 동일한 목표를 갖도록 하는 문화적 자동성을 만들어 얻을 수 있다. 개인은 자신이 추구하는 목적으로 여기지만, 이 목표는 개인의 외부에 있다. 이때의 자유도 겉으로 그럴 뿐이다. 사실상 개인은 아직 사회적 처벌을 피하고, 보상받을 자격을 갖추려 하고, 결국 만족을 얻기 위해 행동할 것이기 때문이다. 어려운 시기에는 사회경제적 체제, 즉 지배적 위계와 무관하게 이런 일이 가능하다.

....
*　　인식에서 사유 작용에 전제되는 것. 사유 자체에서 끌어낼 수 없는 '주어진' 것을 말한다.

자유
La liberté

자유롭다는 착각은 행동을 주관하는 것이 일반적으로 무의식의 영역에 드는 반면, 논리적 담론은 의식의 영역에 든다는 사실로 설명할 수 있다. 그리고 논리적 담론이 자유로운 선택을 믿게 만든다. 하지만 우리가 선택한 동기를 의식하지 못하는데 어떻게 그 선택이 자유로울 수 있으며, 무의식은 자각하지 못하는 상태라는 뜻인데 어떻게 무의식의 존재를 믿을 수 있겠는가. 그저 지배적 사회구조가 영속하고 생존하기 위한 행동 규율일 뿐인 사회 문화적 자동성, 즉 한 시대에 주어진 사회의 순수한 가치판단 체계가 윤리, 근본 원칙, 보편 법칙의 지위로 격상됐을 때, 이 체계가 변형하고 통제하는 원초적 충동을 어떻게 인식하겠는가. 자유주의 사회는 자유가 당시 위계적 규칙에 복종하고 신분 상승을 위해 준수해야 하는 규칙을 제도화하는 데 있다고 개인을 설득하는 데 성공했다. 사회주의국가에서는 개인에게 생산수단과 교환 수단의 사적 소유가 사라지고 자본에서 노동력이 소외되지 않으면 자유로워진다고 믿게 만드는 데 성공했지만, 사실 개인은 지배 체계에 그대로 갇혀 있다.

자유를 누린다고 착각하는 이유는 우리의 사회적 행동 메커니즘이 최근에야 과학적 실험 지식의 영역으로 들어왔고, 이 메커니즘은 복잡하고 인간 신경계가 작동할 때 이 메커니즘에 관련 요인이 너무 많아서 결정론이 작용했으리라고는 생각지 못한 데서 비롯된다. 이처럼 '자유'라는 용어는 '결정론'과 반대 개념이 아니다. 우리가 생각하는 결정론이란 어떤 원인이 어떤 결과를 낳는다는 선형적 인과율의 결정론이기 때문이다. 생물학적 현상은 다행히 체계, 조직 층위, 피드백, 자동 조절 기전의 연구만으로 이런 유형의 인과율이 통용되지 않고 기능적 가치를 상실한 세계로 우리를 안내한다. 그렇다고 행동이 자유롭다는 말은 아니다. 모든 경우에 행동을 예측하기에는 관련 요인이 지나치게 많고, 동원되는 메커니즘이 너무나 복잡하기 때문이다. 그러나 우리는 앞서 설명한 일반적인 규칙을 통해 행동은 선천적 신경계 구조와 사회 문화적 학습에 따라 완전히 프로그래밍 된다는 점을 이해할 수 있게 됐다.

사사건건 토를 달며 훈계하는 족쇄가 사회 문화적 자동성이 강요하는 것과 다른 방식으로는 세상에 대해 생각할 수 없게 하는데 어떻게 자유로울 수 있겠는가. 이런저런 선택이 본능적 충동, 지배를 통한 쾌락 추구, 환경이 결정한 사회 문화적 자동성에서 비롯한 것이라면 어떤가? 우리의 신경계에 내면화된 타인과 자신의 관계만 존재한다는 사실을 알아도 우리가 자유롭다고 말할 수 있을까? 부분은 전체에서 절대로 분리될 수 없다는 것을 알 때는 어떤가? 모든 사회적 환경에서 분리된 개인은 야만인이고 절대로 인간이 될 수 없다는

자유
La liberté

점을 알 때는 어떤가? 개인은 자신이 누구인지를 전적으로 좌우하는 고유한 환경에서 벗어나 존재할 수 없다는 것을 알 때는 어떤가? 전체의 일부인 개인이 그가 속한 전체를 아우르는 더 복잡한 전체에 의존하고 있다는 것을 알 때는 어떤가? 인간의 가장 큰 조직인 인류에 이르기까지 인간 사회의 조직은 여러 층위로 구성되며, 각 층위는 하부 층위의 조절 기제를 통제하는 자동 조절 기전 제어장치라는 점을 알 때는 어떤가? 자유 혹은 적어도 창의적 상상력은 최상위 조직의 목적성 차원에서 발견되고, 아마 이 정도 차원에서도 우리는 법칙을 알지 못하기 때문에 자유는 여전히 우리에게 감춰진 우주적 결정론에 좌우될 것이다.

따라서 자유는 지식이 끝나는 곳에서 시작된다(J. Sauvan). 그전에는 법에 대한 지식이 우리를 법에 복종하도록 만들기 때문에 자유가 존재하지 않는다. 그 후에는 미래의 법이 무엇인지 모르고, 우리가 모르기 때문에 그 법에 지배되지 않을 거라는 믿음을 통해 자유가 존재한다. 사실상 우리가 (꼭 이 용어를 쓰고 싶다면) '자유'라고 부를 수 있는 것은 보편적 결정론의 법칙을 부분적이고 점진적으로 발견함으로써 얻을 수 있는 인간의 지극히 상대적인 독립성이다. 그러니 인간이 할 수 있는 유일한 일은 이 법칙을 최대한 자신의 생존에 유리하게 이용하는 방법을 상상하는 것이다. 그러면서 이전에는 알지 못한 또 다른 결정론, 또 다른 차원의 조직에 편입하게 된다. 과학의 역할은 끊임없이 보편 법칙의 새로운 차원을 파고드는 것이다. 중력의 법칙을 모를 때, 인간은 자유롭게 날 수 있으리라 믿었다. 하지만 이카로스처럼 날아보려는 인간은 땅에 떨어져 죽었다. 자신이 날 가능성이 있다는 점을 모르던 인간은 자신에게 존재하지 않던 자유가 박탈된 줄도 몰랐다. 중력의 법칙이 알려지자, 인간은 달에 발을 디딜 수 있었다. 중력의 법칙에서 벗어난 게 아니라 그 법칙을 자신에게 유리하게 이용한 것이다.

인간이 자신의 창의적 상상력을 이용해 자신을 소외하는 결정론에서 벗어난 것은 아니다. 결정론의 법칙을 자신의 생존과 쾌락에 유리하게 이용하면서 인간으로서 역할을 충실히 수행할 때도 인간은 자유롭게 선택한 것이 아니다. 인간의 상상력은 자신에게 동기가 부여돼야, 그러니까 내적 충동이나 외적 사건으로 자극을 받아야 작동하기 때문이다. 상상력은 인간이 자유롭게 선택한 것이 아니라 환경이 자신에게 강요한 기억된 재료를 이용해서 작동할 수 있다. 게다가 하나 혹은 여러 가지 새로운 해법이 '자유로운 선택'지로 주어질 때도 인간은 무의식적 충동과 사고의 자동성에 반응해서 행동할 것이다.

자유
La liberté

    인간이 자유라는 개념에 이토록 집착하는 이유를 살펴보는 것도 흥미롭겠다. 우선 자신이 자유롭기 때문에 자기 운명을 '선택'할 수 있다는 생각에서 안정감을 얻는다는 점에 주목해야 한다. 인간은 자기 손으로 운명을 만들 수 있다. 그렇지만 묘하게도 인간은 세상에 태어난 순간부터 가족, 직업, 계층, 국가 등 집단에 소속돼 안정감을 추구하려 한다. 집단을 구성하는 다른 개인과 맺는 관계가 지배 체계에 따라 형성되기에 집단은 개인의 자유를 제한할 수밖에 없는데도 말이다. 자유로운 인간은 다수의, 신의, 구세주의 보호를 받고, 지배적 사회구조가 자신을 보호하려는 목적으로 수립한 법과 제도의 보호를 받는 한 아무것도 욕망하지 않는다.

    또 인간은 자신이 자유롭기 때문에 '책임이 있다'고 생각하는 편을 좋아한다. 그렇지만 이 책임도 계층구조에서 도달한 수준에 비례해 커진다. 그래서 당연히 임원과 사장이 책임을 지는 것이고, 책임이란 지배력을 가진 이들에게 지배에 대한 반대급부의 기본이 된다.

    사실 우리는 책임을 진 대가로 공로를 인정받고, 그에 따라 사회구조가 부여한 지배력으로 더욱 탄탄한 사회구조를 만드는 데 이바지한다.

    환경에 순응하며 복종할 자유가 있는 인간은 훈장을 단 가슴을 펴고 우쭐거린다. 그러면서 맑은 시냇물에 비친 자신의 모습을 보는 나르키소스처럼 자신의 이상적 이미지에 만족한다. 차이가 있다면 그의 얼굴을 비춘 시냇물이 그가 속한 인간 사회라는 것뿐이다.

결정의 자유가 없다면 책임도 있을 수 없다. 기껏해야 업무적 관점에서 어떤 직무를 수행할 정도의 기술 지식수준과 그 직무를 효과적으로 수행할 일정량의 전문적 정보가 필요하다고 말할 수 있다. 이와 같이 지식을 습득한 뒤에 결정할 수 있기에 결정 요인을 점점 더 컴퓨터에 맡기게 된다. 혹은 여러 가지 선택지가 있을 때 최종적으로 채택되는 해결책은 충동적 무의식이나 사회 문화적으로 학습된 지식의 영역에 든다. 컴퓨터를 이용해 벌인 베트남전쟁은 결국 패배했다. 컴퓨터에 입력된 정보의 선택은 자유롭지 않았고, 동일한 무의식적 메커니즘의 지배를 받았기 때문이다.

정보 수집이 고된 일이고 특히 더 완고한 '의지'가 필요하다고 반박할 수도 있다. 하지만 인간을 강하게 만드는 이 의지가 있는 곳이 중추신경계 메커니즘인가? 의지가 가장 평범한 동기의 힘, 쾌락의 추구이자 일반적으로 지배를 통한 쾌락의 성취와 다른가? 생존, 생태적 균형, '행복'을 위해 반드시 욕구 충족이 필요하다고 느낄수록 그 욕구를 충족하려는 동기(즉 의지)도 강해질 것이다. 세대를 걸쳐가며 어린 시절부터 아이에게 노력, 노동, 의지가 사회적 성공, 위계 상승, 궁극적으로 행복의 근간이 된다고 가르친 사회 문화적 교육의 역할을 부정할 수 있는가? 이런 맥락에서 '의지'를 북돋지 않고는 자아의 이상형이 정립될 수 없다. 하지만 의지가 자유의 표현이라고 감히 주장할 수 있는가?

다시 말하지만, 자유는 무엇이 우리를 행동하게 만드는지 알지 못해야 생각할 수 있는 개념이다. 무의식을 채우고 자극하는 것이 무엇인지 모르는 상태에서만 의식 차원에서 자유가 존재할 수 있다. 그러나 꿈과 비슷한 무의식은 그 자체로 우리가 자유를 발견했다고 믿게 만들 수 있다. 안타깝게도 꿈과 무의식을 지배하는 법칙은 엄격히 말해 논리적 담론 형태로 표현할 수 없다. 이 법칙은 우리가 태어났을 때부터 신경계의 기능을 조절하는 복잡한 생화학 작용이 엄정하다는 점을 보여준다.

자유라는 개념이 지배 체계를 구축하는 데 오히려 유리하게 작용했다는 점을 인정해야 한다. 개인은 위계 구축에 관여하는 규칙을 몰라서 이 규칙이 자신에게 강제됐다기보다 자신이 자유롭게 선택했다고 믿기 때문이다. 이 규칙이 감당하기 어려운 수준이 되면 자신은 규칙에서 벗어날 방법을 자유롭게 찾을 수 있다고도 믿는다.

자유에 대한 인식이 잘못됐다고 반박하는 일은 사회학적

측면에서 조금이라도 더 많은 것을 얻길 바라서다. 그러려면 자유가 없다고 주장하는 데 그쳐선 안 된다. 왜 자유가 존재하지 않는지 이해할 수 있도록 행동 메커니즘을 입증해야 한다. 그래야 이 메커니즘을 통제할 수 있고, 지금 인류가 속한 차원에 비해 앞으로 수천 년 동안 자유의 향기를 느낄 새로운 차원의 보편적 결정론에 도달할 수 있을 것이다.

 우리가 자유라는 개념을 버리면 즉시, 아무런 노력이나 언어적 속임수, 인간주의적 권고, 자기 초월 없이도 관용이라는 아주 단순한 개념에 도달할 수 있다고 생각했나? 그러나 이런 생각도 대가 없는 도움, 윗사람의 선처, 관용을 베푸는 자의 공덕, 인간성을 앞세운 선심성 행동, 곧 우리가 늘 권고할 수 있지만 자유로운 만큼 의무는 아니기에 결코 적용할 수 없는 관용의 겉모습을 벗겨내는 것을 의미한다. 모든 분야에서 배척은 타인이 자기 마음대로, 달리 말해 우리가 원치 않는 방식으로 행동할 수 있다고 믿는 데서 발생하는 것일 수도 있다. 우리는 타인이 자유롭고 따라서 자기의 행동, 사고, 판단에 책임이 있다고 생각한다. 우리가 걸은 바로 그 진리의 길을 타인이 선택하지 않아도 그는 자유롭고 책임지고 있다고도 생각한다. 그러나 우리가 수정受精된 시점부터 '탈선'하지 않고는 벗어날 수 없는 선로에 놓인 존재라는 점을 깨닫는다면 어떻게 타인을 그의 행동 때문에 원망할

자유
La liberté

수 있겠는가. 내키지 않아도 그가 우리와 같은 기차역을 지나가지 않는다고 어떻게 배척하겠는가. 흥미롭게도 우리는 바로 그 '탈선한 이들', 정신 질환자들, 사회가 강요한 원래 궤도를 받아들이지 않은 이들에게 가장 쉽게 관용을 베푼다. 그들이 정신병원이라는 감옥에 갇혀 있기에 더 쉽게 수용하는 면도 있다. 타인이 우리를 배척한다면 그들이 우리가 자유롭고 그들과 상반된 우리의 의견에 책임이 있다고 생각하기 때문이란 점을 알아두자. 그들이 그렇게 생각한다니 우쭐하지 않은가?

죽음

La mort

죽음
La mort

여기서 죽음이란 흔히 말하는 '육신'의 죽음이다. 알다시피 그 육신을 '호모사피엔스' 집단에 속하게 만드는 고유한 특징은 우리가 관여하지 않은 결정론에 따라 오래 이어진 진화적 사건의 결과물에 지나지 않는다. 우리 육신은 20억~30억 년에 걸쳐 생물권 내 종의 진화가 거듭돼 도달한 성과이자, 가깝게는 인류의 진화가 시작된 이래 여러 세대에 걸쳐 이룬 유전자 조합의 결과다. 우리에게 정자와 난자의 유전형질이 결합해 개체를 탄생시킨 유전자 조합에 영향을 미칠 수단은 지금까지 없다. 게다가 기록에 필요한 특성을 갖춘 빈 밀랍인 뇌를 태어난 순간부터 방치하면 그 뇌는 몇 년 뒤 아무런 인상도 남길 수 없을 만큼 딱딱하게 굳을 것이다. 이 생물학적 뇌는 우리보다 먼저 등장한 종이 도달한 단계에 머물러 있을 것이다. 그러면 파충류나 원시 포유류의 뇌를 행동에 사용하고, 심지어 더 최근 포유류의 뇌를 행동에 사용하더라도 앞이마새겉질(전전두신피질)의 연합겉질을 효과적으로 사용하진 못할 것이다. 이는 야생에서 자란 아이에게서 확인됐다. 인간이 되려면 언어가 필요하고, 그 언어를 이용해 어른에게 배울 능력이 있어야 한다. 다시 말해 고도화한 신경계에 타인에게서 온 어떤 기능적 활동을 아주 어려서부터 내재화해야 한다. 타인은 현재 자신이 사는 곳에 함께 살아가는 사람들뿐만 아니라 인류의 시작부터 현대사회까지 모든 사람, 즉 세대를 거듭해 축적한 경험을 우리에게 언어로 전해준 매개체로서 모든 '타인'을 뜻한다.

이처럼 죽음이 혼자서는 결코 인간다운 면모를 만들 수 없는 뇌의 소멸과 더불어 사라지게 하는 것은 바로 '타인들'이다. 그렇지만 '우리는 우리다'라고 말할 수 있는 것은 단순히 탄생의 순간에 우연이 우리에게 강제한 환경에 맞춰 주로 변화하는 어떤 특징에 부합하게 각기 다른 타인이 어떤 일시적이고 가변적인 순서대로 등장했기 때문이 아닐까?

개인을 구성하는 것 가운데 아무것도 자신에게 속하지 않아도 우리는 개인으로서 존재한다고 말할 수 있을까? 개인이란 '타인들'의 특별한 만남의 장소이자 합류의 장에 불과한 것이 아닐까? 우리의 죽음이란 결국 타인들의 죽음이 아닐까?

소중한 존재를 잃었을 때 겪는 고통은 이런 생각을 완벽하게 뒷받침한다. 우리는 수년에 걸쳐 이 소중한 존재를 신경계에 주입했고 우리의 일부로 만들었다. 그와 우리 사이에 형성돼 내재화된 수많은 관계는 그를 우리 자신의 필수적인 구성 요소로 만들었다. 그를 잃은 고통은 우리 자신의 일부를 떼어내는 것처럼, 다시 말해 우리가 그에게 영향을 받은 신경 활동(생물학적 물질로 신경계의 활동이 이뤄진다는 점에서 신경계의 일부라고 할 수도 있다)의 급작스럽고 최종적인 소멸로 느껴진다. 그가 아니라 우리 자신을 위해 눈물을 흘리는 것이다. 우리는 우리 내면에 있었고 우리 신경계의 조화로운 작동에 필요하던 그의 일부를 애도하는 것이다. 소중한 존재를 잃었을 때 겪는 '정신적' 고통은 마취 없이 절제돼 생긴 것이다.

따라서 우리가 무덤으로 가져가는 것은 대부분 본래 타인이 우리에게 준 것이다. 우리는 그들에게 무엇을 돌려줬을까? 우리는 대부분 축적한 경험을 한 세대에서 다음 세대로 전달할 뿐이다. 이 때문에 교사가 되지 않아도 된다. 살아가면서 말만 하면 된다. 그 점에서 인간은 누구나 자신이 배운 것을 타인에게 가르치고 전달한다. 자신이 사는 곳에서 타인이 준비하고 설명한 대로, 자신이 받아들인 대로 자신의 사고방식을 전달한다. 유전적 지식을 물려주기 위해 자식을 낳을 필요도 없다. 구전은 오랫동안 지구라는 행성을 거쳐 가는 짧은 시간 동안 인간이 수행해야 하는 유일한 역할이었고, 오늘날 대다수 사람에게도 그렇다. 타인이 우리에게 준 것보다 많이 바라는 건 지나친 일일까? 우리는 대체로 기술적 내용과 경험을 전달하는 데 그치면서 타인에게 그들이 받은 기술적 내용보다 많은 것을 전해달라고 요구할 수 있는가? 사실상 우리는 전승된 지식의 내용을 우리가 태어난 사회적 결정론을 통해 그 지식을 이해하는 데 꼭 필요한 기호가 제거되지 않은 상태로 온전히 우리에게 전해달라고 요구할 수 있을 뿐이다. 우리가 나중에 한 글자도 바꿀 수 없게 전승된 지식을 암기하도록 강요하지 말라는 것이다. 인류가 등장한 초기부터 아무도 전승된 지식의 내용에 손대지 못하게 했다면 우리는 아직 어두컴컴한 동굴 입구에서 부싯돌을 치고 있었을 것이다. 인류의 지식이 세기를 걸칠수록 풍성해져 오늘날에 이를 수 있는 이유는 그 내용이 태초 이래 계속 복잡해졌기 때문이다. 타인이 전해준 지식의 내용에 전에는 포함되지 않은 자신의 일부를 더해준 사람들 덕분이다. 그들은 이미 죽었지만, 우리 안에 대체로 인지되지 못한 채 실재한다. 그들이 인간 세상에 가져온 것이 우리 신경계에서 계속 작용하기 때문에 그들은 여전히 우리 안에 살아 있다. 우리는 그들이 세상에 무엇을 남겼는지 알고 있다. 바로 그들의 눈확이마겉질(안와전두피질) 연합겉질로 가능해진 연합력으로 만든 새로운 구축물이다. 사실상 '인간'이라는 이름을 온전히 받아들일 수 있는 사람은 그들밖에 없지 않을까?

시신을 붕대로 감싸거나 액체질소에 담가 보존해서 어디에 쓸까? 살아 있을 때 아무것도 주지 않고 받기만 했다면, 자신이 받은 내용의 중간 전달자 역할 외에 한 일이 없는 사람이라면, 그나마 다른 사람이라면 제대로 전달했을 이 내용을 종종 왜곡해 전달한 사람이라면 말이다. 사람의 숫자가 증가한다는 단순한 사실만으로도 지식이 사라질 가능성은 줄어든다. 그러나 중요한 점은 사람이 많아질수록 사람들의 독창적인 기여를 통해 지식이 지속적으로 풍성해져야 한다는 것이다. 이는 우리가 유년기부터 연합겉질의 작동을 마비시키지 않는 방법을 찾아낸 뒤에나 가능할 것이다. 그날은 개인이 자신의 환경에서 고정되지 않는 법을 배우는 날이자, 우리가 새롭게 얻었고 주변 사람과 후대에 전해줄 수 있는 새로운 경험과 지식으로 자신을 풍요롭게 하는 방법을 가르치는 날일 것이다. 유일하게 가치 있는 유산은 가족 차원의 재산 상속이나 변화하고 논란의 소지가 있는 가치와 전통의 상속이 아니라 인류적 차원에서 벌어지는 지식의 상속이다. 과거에 농부가 짧은 생애에 작은 땅 한 뙈기라도 가족의 재산을 불리려 애썼듯이, 미래의 모든 사람은 자기만의 대체 불가한 기여로 인류의 지식 분야를 풍성하게 만들어야 할 것이다.

이렇게 하는 것이 진정으로 죽음을 극복하는 방법인 것 같다. 그때부터 우리의 죽음은 결코 우리 안에 있는 이들의 죽음만이 아니다. 그때부터 사람들은 각자 자신보다 오래 살 사람들의 신경계에 지워지지 않는 흔적을 남기고, 세대를 넘어 인류에 이바지할 독창적인 지식, 변하지 않을 참신한 지식 한 줌을 전달할 것이다.

어쩌면 개별적 인간의 역할은 더 단순할 수도 있지 않을까? 어쩌면 인간의 역할이란 역사의 시작부터 줄곧 살아가는 게 아니었을까? 살면서 자신의 주위에 있는 이들의 환경으로 들어갔고, 그의 존재만으로도 그 환경은 절대로 전과 완전히 똑같지도 다르지도 않은 곳이 되니 말이다. 그렇다 해도 우리가 여전히 진지하게 개인을 논할 수 있을까?

우리 몸에서 매일 세포가 생겨나고 생명 활동을 하고 죽지만, 우리 몸은 이 세포 때문에 생명 활동을 중단하지 않는다. 인류도 매일 개인이 태어나고 살아가고 죽지만, 인류는 자신의 운명을 멈추지 않는다. 각 세포는 짧은 생애 동안 전체 목적의 일부로 자신의 역할을 한다. 개인도 인류 내에서 동일한 역할을 한다. 우리는 덧없는 세포의 운명에 슬퍼하지 않는다. 인류의 오랜 진화에 이바지한 개인의 운명에 왜 슬퍼해야 하는가? 이런 유사성은 따로 떨어진 개인은 아무것도 아닌 듯 보이게 만든다. 생물학적으로나 문화적으로 개인은 세포의 부분집합, 전체에서 떨어진 한 요소에 지나지 않는다. 그 자체로 고유한 존재가 아니다. 다른 인간이 없는 배지培地*에 고립된 개인이 존재할 가능성을 믿게 된 것은 인간에 대한 무지의 소산일 뿐이며, 개인은 다른 인간이 있는 환경에서 형성된 결과물인데도 개인적인 특성을 간직한 존재라고 믿게 된 것은 우리 자신에 대한 무지의 소산이다.

우리가 '정보-구조'라 부르는 것, 즉 살아 있는 유기체에서 물질의 형성이 무엇을 의미하는지 이미 설명했다. 노버트 위너가 일반적인 의미의 정보에 대해 강조했듯 이것은 질량도, 에너지도 아니다. 하지만 질량과 에너지가 뒷받침돼야 한다. 인간 유기체, 특히 신경계는 아마도 수정된 순간부터 환경과 접촉하면서 얻은 경험으로 풍성하게 형성될 것이다. 기본 형태에서 환경에 의해 형성된 새로운 형태가 등장할 것이다. 그러나 진정으로 인간적인 현상은 인류의 뇌가 기억된 사실을 연관 지어 선천적 구조에 후천적 구조를 더한 세 번째 층위를 만들어낼 가능성이 있다는 점이다. 이것은 상상적 구조다. 인간은 물질에 정보를 더한다. 언어를 이용해 자신에게

----

*   미생물을 배양하는 데 쓰는 영양물.

서 정보를 빼낼 수도, 타인을 그 과정에 참여시킬 수도 있다. 타인을 참여시킨다는 건 그들에게 정보를 주고, 자기 신경계에서 생겨난 구조를 바탕으로 그들의 신경계를 구조화한다는 말이다. 이제 이 새로운 구조, 즉 새로운 정보는 순환하면서 처음에 태어났던 필멸의 생물학적 형태와 연계되지 않는다. 선천적 형태와 후천적 형태는 소멸할 수 있지만, 새로운 구조는 타인의 신경계에서 삶을 이어간다. 심지어 성장과 번식도 할 수 있다. 아무리 성공적으로 이식된 장기라도 이는 불가능하다. 이식된 장기는 추출되기 전의 유기체와 마찬가지로 죽음으로 가는 불가피한 길을 계속 걸어갈 것이기 때문이다. 우리가 살아남을 수 있는 유일한 방법, 죽지 않는 유일한 방법은 당연히 타인에게 우리를 심는 것이고, 타인이 살아남을 수 있는 유일한 방법은 우리 안에 자신을 심는 것이다. 이는 개인이 자신에 대해 만든 언제나 일시적이고 덧없는 불완전한 이미지가 아니라 그가 만든 개념의 각인이다. 인간의 진정한 가족은 인간의 사상이고, 그 사상의 매체가 돼서 전달하는 물질과 에너지며, 시대를 넘어 그 사상으로 '정보를 얻은' 모든 인간의 신경계다. 그러므로 우리 육체는 당연히 죽지만 정보는 살아남고, 그 정보를 받아들이고 살을 덧붙여 한 세대에서 다음 세대로 넘겨준 이들의 육체를 통해 전파된다.

죽음
La mort

결국 개인에게 죽음이란 한 번도 겪어보지 못했고 정보가 전혀 없는 유일한 경험이다. 불안은 우리가 행동할 수 없을 때, 즉 도피할 수도 투쟁할 수도 없을 때 발생하는데, 그렇기에 죽음에 대한 불안은 총체적이고 결정적이다. 그래서 인간은 불안을 감추기 위한 '묘안'을 짜냈다. 우선 죽음에 대해 생각하지 않기 위해 무엇이든 행동하는 것이다. 전투병에게 죽음에 대한 불안은 전투가 일어나기 전에 존재하지만, 싸우는 중에는 사라진다. 그가 투쟁하고 행동하기 때문이다. 우리가 이 세상에서 마지막 장을 넘긴 순간부터 다시 살게 될 다른 세계에 대한 믿음은 아름답고 모범적인 죽음을 맞기 위한 수단으로 많이 이용됐다. 죽음을 맞은 당사자는 잃을 것도 얻을 것도 없기에 어떤 죽음이 모범적인지 알 수 없다. 대중의 감탄을 불러일으킬 아무 이유가 없다. 자기 죽음이 어떤 용도로 '쓰일' 것이고, 좀 더 정의로운 세상을 만들게 하며, 인류의 느린 진화의 일부가 될 것이라는 믿음('사후 세계'에 대한 견해가 어떻든)은 인류가 어디를 향해 가는지 알고 있다는 것을 전제로 한다. 상반된 이념을 옹호하며 각자 진리를 수호한다는 신념을 품고 동시에 죽어간 사람이 얼마나 많은가. 우리를 초월하는, 우리보다 큰 무엇을 위해 죽는다는 것은 대체로 인류 전체에서 공격적이고 지배력을 가진 일부를 위해 죽는 것이다. 나는 예수와 소크라테스 외에 인류를 위해 죽은 개인을 알지 못하고, 그들조차 기꺼운 마음으로 죽지 않았다. 그들은 아마 나중에 사회 문화가 자기의 죽음을 어떻게 이용할지 상상할 수 있을 만큼 충분히 비판적 사고가 가능했던 것 같다. 이런 사회 문화에 의해 충분히 무의식화해서 그 문화를 벗어나 살 수 없게 된 경우, 영웅은 자살한 사람과 근본적으로 다르지 않다. 그는 쾌락이 아니라 적어도 악의 최소화를 추구하기 위해 자신을 희생한다. 그렇지 않으면 인류의 운명이라는 냉혹한 결정론을 인식하고, 자신에 대한 이상형, 자신이 보여주고 싶은 모습, 자신과 타인에게 주고 싶은 이미지에 무엇이 부합하는지에 따라 영웅이나 겁쟁이로 죽는 것이다. 부신의 상태에 따라 결정될 수도 있다. 나는 죽음의 순간 벌어지는 서툰 연기에 어느 정도 우아함이 배어 있다고 생각한다. 지지하는 대의와 무관하게 분노나 두려움으로 일그러진 비웃음보다 입가에 번지는 미소가 좋아 보인다. 그러나 이것도 한낱 의견일 뿐이며, 우리가 늘 욕망하는 대로 행동하진 않는다. 모든 사람에게 대의를 위해 죽을 기회가 오는 것도 아니기 때문에 비겁해지지 않고 삶을 마무리하기 쉬운 것 같다. 사람들은 대개 본의 아니게 심장마비나 자동차 사고로, 아니면 다소 오래 고통스러운 질병을 앓다가 죽는다. 앞서 나온 영웅과 겁쟁이도 의도한 것은 아니라는 점에서 다를 바 없지만, 그들은 그렇게 생각하지 않는다. 나는 내가 경험하지 못한 주제에 대해 논리적으로 어떻게 행동하라고 조언하지 못하겠다. 우리 모두에게 죽음이 최대한 빠르고 예상 못 한 방식으로 벌어지길 바랄 뿐이다. 반면 타인이 동시대인의 완만하고 예상 가능하고 불가피한 죽음과 고통을 마주하고 취하는 태도에 대해 논의할 수 있다. 우선 고통을 제외하고 완만하고 예상 가능하고 불가피한 죽음은 모든 생물의 공통된 특성이고, 그들이 유일하게 확신할 수 있는 점이다. 매일 입을 모아 '형제여, 죽음을 기억하라'라고 환기해야 할까? 아직 살날이 남은 상황에서 이렇게 죽음을 환기하는 이야기를 듣는 것은 창의성을 발휘할 동기, 곧 인류 진화의 요인으로서 연승식 경마와 컬러 TV보다 훨씬 유용할 것이다. 죽음에서 도피하려는 무의식적 욕망이 왜 창의성의 직접적인 원천이 되는지 이미 설명했다. 반면 우리가 언제 죽음이 닥칠지 정확히 안다면 꼭 그렇진 않을 것이다. 도피가 불가능한 상황에서 극에 달할 수밖에 없는 불안이 행동의 억제로 이어지기 때문이다. 한편으로 질병은 생태적 균형, 곧 심리적 균형을 흔들어 죽음에 대한 저항을 점차 누그러뜨린다. 생물학적으로 죽음에 가까울수록 죽음을 맞기 쉬운 것처럼 보인다. 그러니 무슨 가학성애자가 아니라면 죽음이 예정된 운명임을 아는 사람에게 굳이 너무 일찍 죽음을 예고할 필요는 없다. 사형수에게도 마지막 순간에야 사형

집행 여부를 알려주지 않는가. 그런데 왜 환자에게는 그러지 않는가. 가학적 쾌락이 아니라면 그런 행동에서 개인이나 인류가 얻을 수 있는 게 무엇인가. 고통이 인간의 정신을 고양하는지는 잘 모르겠다. 내가 본 고통받는 사람들은 언제나 자신의 고통에 갇혀서 우주적인 관점의 열린 자세를 갖지 못했다. 고통이 인간 정신을 승화시킨다면 과연 어디로 향하는지 알고 싶다. 우리가 고통을 덜어달라고 기원하는 신에게 향하는가? 우리 신경계의 전체 역사가 관여했지만 오로지 개인의 몫인 고통을 분담할 수 없는 타인에게 향하는가? 고통은 유기체와 환경 사이에 발생한 불화의 결과물에 지나지 않는다. 우리가 환경에 늘 영향을 미칠 수 있는 것은 아닌지라 진통제와 향정신성의약품을 이용해서 유기체에 영향을 주는 방법이 남을 뿐이다. 고통에 대처하는 우리의 행동이 설령 죽음을 앞당긴다 해도, 죽음이 불가피하기에 통증을 완화하려는 시도는 양보할 수 없는 행위인 것 같다. 안락사 문제도 크게 다르지 않다. 그러나 나는 진리를 아는 체하지 않을 것이고, '남이 내게 하지 않았으면 하는 대로 남을 대하지 말고 남에게 대접받고 싶은 대로 남을 대하라'는 법칙을 이 경우에 적용할 수 있을지도 확신이 서지 않는다. 우리가 타인일 뿐이라도 타인은 우리가 아니기 때문이다. 사랑을 내세울 수도 없다. 우리가 누군가를 죽이든 살려두든 그것은 절대로 타인이 아니라 우리 자신을 위한 행동이기 때문이다. 타인이 우리에게 무관심하다면 우리는 행동하지 않을 것이고, 그 반대라면 우리에게 만족을 주는 공간에 그가 들어와 우리와 돈독한 관계를 맺었거나 그가 우리의 문화적 자동성의 대상이 됐다는 뜻이다. 우리를 행동하게 만드는 것은 문화적 자동성이고, 문화적 자동성이 작동한 이후 두 존재를 공간과 시간 속에서 엮어주는 미세하고 셀 수 없는 끈을 통해 짜인 행동을 판단할 수 있는 논리적이고 안정적인 가치의 표는 존재하지 않는다. 모든 판단은 시대와 당시 이익에 따라 가변적인 사회 문화가 세운 규칙을 적용해서만 이뤄진다.

삶을 선택할 자유가 없다면 죽음을 선택할 자유도 없다. 자살한 자가 부른 '죽음의 찬가'는 그 자체로 그를 둘러싼 세상의 둔탁한 소음에 목소리가 묻혀버린 자가 마지막으로 부른 '삶의 찬가'다. 베토벤에게 이 배경음은 파*다.

....
* 베토벤의 '피아노 소나타 23번 바단조, 작품 번호 57'은 '열정(Appassionata)'이라는 별칭이 있다. 바단조는 '바(Fa)' 음을 으뜸음으로 한 단조다.

쾌락

Le plaisir

쾌락
Le plaisir

"평안, 기쁨, 쾌락이라는 단어에서 느끼는 정서적 어감의 차이에 주목할 필요가 있다. 평안은 적당하고, 기쁨은 고상하고, 쾌락은 수상쩍다. 쾌락이라는 단어에서는 불온한 냄새가 난다. 평안은 충동이나 후천적 자동성을 만족시켰을 때 나타나 포만감이 수반되고, 기쁨은 이런 만족에 상상력을 더한 듯하며, 쾌락은 현재 시점에 만족을 주는 행동의 성취와 관련이 있다. 쾌락이 다른 두 감정보다 더럽거나, 추하거나, 부도덕한 건 아니다. 일반적으로 이 단어에 부여된 의미의 차이는 무엇보다 성적 억압에서 출발한 사회 문화적 자동성과 가치판단에서 비롯한다. 서구 사회에서 수천 년간 팽배하던 성적 억압은 숨겨진 사생아가 사유재산을 물려받으려고 나타나지 않을까 하는 두려움 때문에 생겨났다."[7]

무의식화한 사고 체계로 인해 오늘날 우리는 성적이지 않은 다른 쾌락을 상상하기 어려울 정도다. 성적 쾌락이 아니라도 쾌락은 권할 만한 것이 아니다. 쾌락은 인간을 성장시키는 특권이 있는 고통에 반대된다. 그렇게 수 세기에 걸쳐 고통에 관한 모든 사상이 싹텄다. 지배계급은 현세의 고통이 다음 세상에서 수백 배 보상으로 돌아올 테니 고통받는 것이 복이라고 피지배계급이 믿게 만들면서 쾌락의 샘으로 자기 욕망을 채웠다. 모든 것을 거래하고 대가를 치르는 사실상 장사꾼이 왕인 오늘날 세상에서 현세의 고통은 천상에서 누리게 될 미래의 행복을 담보로 한 어음일 뿐이다. 한술 더 떠 인도에서 (아마도 이가 많아서인지) '불가촉'천민은 모두 그 계급에 속한 것을 행복해하는데, 이는 다음 생에 환생했을 때 계급 상승과 출세를 위한 길을 열어준다고 믿기 때문이다. 유대-그리스도교 문명에서는 복음서와 산상수훈을 교묘하게 해석하는 방법으로 이 놀라운 전략을 펴고 있다. 우리는 올리브산에서 자신의 아버지에게 가능하다면 자신이 고난을 끝까지 감수하는 일을 피하게 해달라고 기원하는 예수보다 십자가에서 고통받는 예수의 이미지를 선호했다. 또 우리는 예수가 우리에게 복음을 전하러 왔고, 만나는 이들의 육체적 고통을 덜어주고, 가나*에서 그랬듯 포도주가 부족한 이들에게 이를 내어주러 왔다는 점을 외면하는 편을 택했다. 물론

쾌락
Le plaisir

예수의 세계는 상상과 창의의 영역에 속하지만, 삼차신경통으로 고통스러운 신음이 터져 나오는 상황이라면 우리가 어떻게 상상계로 떠날 수 있겠는가. 이미 이야기했듯이 정신적 고통은 신경계에 학습으로 형성돼 만족을 주는 신경 회로망에서 마취 없이 하는 절단, 즉 엄연한 육체적 고통이다.

르네상스 시대 성직자의 지나친 물욕을 논리적이고 지적으로 반박한 종교개혁을 통해 자리 잡은 종교가 쾌락을 죄로 여기는 오늘날의 청교도주의로 이어졌다는 점이 재미있다. 비물질화되고 제도화된 모든 사상이 극단적으로 왜곡된 형태를 보이듯이, 오늘날 청교도주의 역시 과격하고 엄격해지면서 사회적 성공이 개인의 공덕과 신의 의지를 보여주는 가장 확실한 증거라고 여기기에 이르렀다. 어찌 보면 신세대 바리사이파*가 탄생한 셈인데, 앵글로·색슨의 말 많은 요리 수준도 그들의 특징이 발현된 게 아닌지 궁금하다. 맛있는 음식은 쾌락이고, 모든 육체적 쾌락은 금지해야 하니 말이다. 이들의 시각에서 보면 인생은 기나긴 시련이고, 계층 상승이 유일하게 명예로운 일이다. 계층 상승은 원칙에 복종해서 얻

....
*   이스라엘 북부 갈릴리의 옛 도시. 예수가 처음 기적을 행한 곳.
*   예수가 활동하던 시기에 율법을 엄격하게 지킨 유대교 일파.

은 공로이자, 같은 시민이 인정한 공로의 증표이기 때문이다.

반대로 쾌락은 만족을 주는 행동의 성취와 관련이 있다. 그런데 이 만족을 주는 행동은 우리가 생존할 수 있는 유일한 수단이니, 쾌락의 추구는 삶을 지배하는 근본적 법칙이 아닐까? 좀 더 유식해 보이는 생체 항상성이나 신체 내부 환경에서 생존 조건의 항상성 유지* 같은 용어를 쓸 수 있지만, 용어는 중요하지 않다. 쾌락의 추구가 근본적 동기가 아니라고 부정하는 이들은 지각없는 이들이고, 그 말이 사실이라면 그들은 오래전에 생물권에서 사라졌을 것이다. 그들은 무의식의 가치판단과 문화적 자동성에 무지하다. 그렇기에 그들은 우리에게 믿게 만들려고 하는 자기애적 이미지, 즉 그들이 고수하거나 거부하는 사회적 틀에 조화롭게 들어맞는 이미지에 만족한다. 자살한 사람도 쾌락을 위해 자신을 제거한 것이다. 죽음을 통한 고통의 제거는 쾌락의 다른 이름이기 때문이다.

....
* 생물체가 외부와 내부의 환경 변화에도 생리적으로 안정된 상태를 유지하는 기능. 프랑스 생리학자 클로드 베르나르(Claude Bernard)가 체액의 상태는 환경이 변해도 일정하게 유지되는 조절력이 있다고 발표했는데, 미국 생리학자 월터 캐넌(Walter B. Cannon)은 이 생각을 더 발전시켜 정온동물의 체온 항상성과 생물의 방어 수단에도 적용했다.

쾌락
Le plaisir

안타깝게도 만족을 얻는 행동은 동일한 사물과 존재로 만족을 얻으려는 타인의 행동과 부딪히는 경우가 많다. 만족을 주는 공간이 비었거나 그곳에 우리에게 만족을 줄 수 있는 사물과 존재가 없다면 쾌락도 없을 것이기 때문이다. 그러나 사물과 존재를 차지하기 위한 경쟁이 시작되자마자 우리는 항상 위계가 수립된다는 점을 목격했다. 인간은 언어를 사용하기에 위계가 제도화한다. 이 체계는 율법판에 새겨지는데, 이 율법을 작성한 이가 지배자라는 점은 분명하다. 쾌락의 추구는 일반적으로 문화의 부산물에 지나지 않으나, 사회적 행동 규율을 준수하면 보상받고 어길 때는 처벌받으며 불쾌감의 원인이 된다. 지극히 평범한 충동이라도 사회적 금기에 반하는 충동 사이의 갈등은 견디기 어려운 행동 억제를 유발하지 않고는 의식의 영역으로 들어갈 수 없기에 억압이 되어 우리에게 만족이나 고통을 주는 이미지를 무의식이나 꿈의 영역에 가둔다. 그러나 사회가 정한 테두리에서 성장한 말 잘 듣는 아이를 달래는 사회적 호의는 보통 이런 갈등을 없애기에 충분치 않다. 신경안정제도 도움이 안 된다. 갈등은 계속 파고들어 심신질환이라는 뜨거운 인두로 육신을 지지며 복수한다.

사회는 우리에게 쾌락이라는 단어가 원초적 충동의 충족을 의미하며, 우리가 쾌락 때문에 동물의 지위로 떨어진다고 믿게 만들려고 한다. 하지만 동일한 충동이라도 현재 주류 문화, 즉 올바른 시민 간 규범의 학습을 통해 변형되고 합법화되고 조절됐다면 이 충동을 충족해서 발생한 쾌락은 고상하게 변한다. 이 행동 역시 짐승과 다를 바 없는데, 동물도 우리처럼 기억과 학습이 가능하기 때문이다. 다만 아무리 똑똑한 개라도 말을 못하고, 무의식적 자동성을 감추려고 가치판단의 구실을 이렇게 찾아내지도 못한다.

문화적 자동성의 영역에 구속되지 않고 이를 넘나드는 창의적 상상의 수준에 이른 충동의 충족에 따른 쾌락이라면, 즉 우리에게는 '욕망'이 된 쾌락이라면 현재의 가치 규범에 부합하지 않는다 해도 이는 인간 고유의 쾌락이다. 이런 쾌락이 현재의 가치 규범에 부합하지 않는 것은 창조적 행위가 사회적인 표본이 되는 경우가 드물기 때문이다.

쾌락, 보상과 연관된 신경 다발은 해부학적으로나 기능적으로 뇌 내부에 겹쳐진 모든 층의 조직을 결합한 것이다. 도피하거나 처벌과 불쾌감을 피할 수 있게 억제하는 신경 다발도 마찬가지다. 이 신경 다발은 시상하부의 활동(충동), 둘레계통의 활동(학습과 기억), 겉질의 활동(상상) 사이의 가치판단을 하지 않고, 실험을 통해 겉질의 활동이 다른 두 활동과 유리되면 효과적으로 작용하지 않는다는 점을 확인했다. 하지만 학습 덕분에 우리는 보상과 연관된 신경 다발의 활성화

쾌락
Le plaisir

가 사회적 규칙에 반한다면 처벌을 받고 처벌과 연관된 신경 다발의 자극으로 이어지며, 반대로 처벌과 연관된 신경 다발을 활성화하는 고통스러운 행동이 보상을 받고 그 대가로 다른 쾌락과 연관된 신경 다발의 자극에 유리하게 작용할 수 있다는 점을 알고 있다.

신경생화학적 내분비샘 기능의 심각한 이상을 통해 확인했듯이, 지배를 받는 원숭이는 자신의 쾌락을 위해서가 아니라 복종하지 않았을 때 자신이 받을 공격에 따른 불쾌감을 피하려고 우두머리에게 복종한다. 원숭이가 말할 줄 알았다면 지배를 받는 원숭이에게 그의 복종을 '승화'시킬 수 있는 담론, 즉 그의 고통이 개체를 넘어선 동족의 이익과 집단의 생존을 위해 자신을 성장시키고, 그의 희생이 무익하지 않으리라 설명하는 논리적 담론이 존재했을 것이다. 고통은 사랑이 될 것이다. 지배적 위계 구조를 유지하는 데 필요한 사회적 규칙, 관습, 선입관에 순종하는 학습을 통해 고통의 원인조차 이미 모호해진 상태일 것이다. 드물게나마 이 감옥에서 벗어날 수 있는 자만이 '욕망'의 충족으로 진정한 의미에서 인간적인 쾌락, 즉 원시인류의 흔적을 간직한, 언제나 내 것이 아니던 육체에 깊이 뿌리내린 쾌락을 누릴 수 있다. 사실 우리는 천사도 짐승도 아니고 인간일 뿐이다.

행복

Le bonheur

행복
Le bonheur

쾌락이 만족을 주는 행위의 성취와 연관돼 있고, 평안이 이 행위의 충족에서 비롯된 결과라면, 이때 충족은 충동적이든 학습을 통해 습득한 것이든 욕구가 다시 나타나면 곧 사라진다. 이렇게 일시적인 안정 상태를 가져오는 충족보다 덜 일시적이지만 행복도 욕구와 쾌락, 평안의 연쇄가 반복된다. 행복하다는 것은 욕망할 수 있고, 욕망이 충족되는 쾌락을 느낄 수 있고, 욕망이 충족되면 다시 욕망이 시작되기까지 평안을 누릴 수 있는 상태다. 아무것도 욕망하지 않으면 행복할 수 없다. 욕망을 충족하지 않고, 욕망을 충족하는 데서 오는 쾌락이나 욕망이 충족됐을 때 느끼는 평안을 알지 못하는 자는 행복이 무엇인지 모른다.

행복의 알약이라는 '해피 필스'*는 분명 잘못된 이름이다. 이 알약이 시상하부의 충동적 활동과 쾌락을 추구하는 동기를 떨어뜨리는 작용을 하는 거라면 행복이 아니라 무관심을 불러일으키는 것이고, 무관심한 사람은 행복할 수 없다. 그렇지만 무관심한 사람도 진정으로 불행할 순 없으며, 우리는 고통의 제거가 쾌락으로 간주될 수 있다는 것을 안다. 동물은 보상을 줄이거나 제거하면 처벌을 학습할 때와 마찬가지로 행동을 억제하는 뇌 영역이 활성화된다. 기대하던 보상의 제거는 처벌과 동일하며, 그 결과는 행동의 억제로 이어진다고 할 수 있다.

인간을 포함한 모든 동물 종은 행동을 통해 보상을 얻을 수 있다. 행복만이 완벽하게 준비된 상태로 우리의 품 안에 떨어진다. 다만 행복은 우리가 맞으러 나서야 하고, 찾으려는 의욕이 부족하지 않아야 한다. 욕망하지 않았는데 주어진다면 행복의 강도가 반감되기 때문이다. 원초적 욕구, 즉 쾌락과 생태적 균형의 추구라는 원초적 충동은 반드시 있어야 한다. 앞에서 언급했듯이 쾌락의 추구는 사회 문화적 학습을 통해 이뤄지는데, 만족을 얻는 행동이 어떤 형태를 띠어야

....
*   happy pills. 정신안정제, 진정제.

용인되는지 사회 문화가 결정하기 때문이다. 따라서 순응은 사회적 처벌을 피하고 만족할 수 있는 후천적 욕구를 만들어 내기에 순응적인 삶에서도 행복을 찾을 수 있다. 상품생산을 바탕으로 한 지배 체계, 즉 행복의 위계를 수립한 사회는 구성원 개개인에게 상품생산 시스템 안에서 사회적 신분 상승이 동기가 되도록 가르친다. 이 사회적 지위는 개인이 가질 수 있는 상품 수를 결정하며, 타인과 비교해 자신이 갖는 자기만족적인 생각도 결정한다. 사회적 신분 상승은 그의 자기애를 충족할 것이다. 유년기부터 신경계에 형성된 자동성은 개인을 최대한 빨리 생산과정에 투입하려는 목표뿐이어서 정년에 이르면 그 목표를 잃고 만다. 그래서 은퇴가 행복이 아니라 절망의 시작이 되는 경우가 많다.

지금까지 우리가 정의하려고 애쓴 행복은 자취를 감췄음을 인정하자. 충동의 충족으로 국한된 행복은 지배자들이 세운 규칙이라는 이기기 어려운 적수를 만나게 된다. 이 규칙에 복종하고 행복을 근본적 동기와 떼어놓으려는 자기애적이고 위계적이고 소비적인 여러 가지 보상을 한다 해도 이 행복은 상품생산 과정에서 절대로 충족할 수 없는 지배욕의 추구와 관련이 있기에 언제나 불완전하고 좌절될 것이다.

다행히 인간에게는 아직 상상계가 남아 있다. 물론 상상의 도움을 받으려면 동기가 부여돼야 하고 원초적 충동도 여전히 필요하다. 상상에 소재를 제공할 기억과 경험도 있어야 한다. 태어난 지 얼마 되지 않은 아이는 기억하는 것이 전혀 없기에 아무것도 상상할 수 없다. 그러나 기억과 학습이 생성하는 자동성은 강력하고 다양해서 행동이 그 둘에 전적으로 종속되면 상상계는 생겨날 수 없다.

그런 점에서 사회 문화적 테두리 안에서 만족을 주는 행동으로 충동을 충족하지 못해 행복을 찾을 수 없을 때, 상상계는 몸을 피하는 망명지와 같다. 이 세상에 속하지 않은 다른 세상에 대한 욕망을 낳는 것은 바로 상상이다. 상상계로 들어가는 것은 "참 좋은 몫을 택하였으니 빼앗아서는 안 되는 것"이다. 상상계는 지배권을 쟁취하기 위한 위계 경쟁이 사라진 곳이자, 자기 취향대로 가꾸며 입구에서 귀족 작위나 직함이나 여권을 확인하지 않고도 친구를 초대할 수 있는 내면의 정원이다. 수고도 길쌈도 하지 않는 들꽃이 자라는* 에덴동산이자 낙원이다. 그러니 우리는 카이사르의 것은 카이사르에게 돌리고, 상상계에 속한 것은 상상계에 돌려줄 수 있다. 그곳에서 우리는 경쟁하며 거짓 웃음을 짓느라 입은 일

....
* 〈마태오의 복음서〉 6장 28절 "또 너희는 어찌하여 옷 걱정을 하느냐? 들꽃이 어떻게 자라는가 살펴보아라. 그것들은 수고도 하지 않고 길쌈도 하지 않는다"에서 따온 말.

행복
Le bonheur

그러지고 절대 도달할 수 없지만 강요된 행복을 향해 질주하느라 나이보다 일찍 늙는 타인을 바라본다.

물론 오늘날에는 당신에게 지금 말을 거는 나처럼 프티부르주아에 속한 몇몇 사람만이 상상계와 그곳에 가득한 행복에 접근할 수 있다. 하지만 상상계가 특정 사회계층의 전유물은 아닐 것이다. 모두 경제라는 분쇄기에 휘말려 들어가서 부르주아라도 상상계를 누리는 프롤레타리아만큼 적기 때문이다. 한편 점점 더 많은 젊은이가 어리석고 부적절하고 유치한 형태로 다양한 욕망을 재발견하고, 지배하고 싶은 충동과 상품에 눈이 멀거나 시장을 정복해서 뭐라도 파는 데 혈안이 되어 사회적 신분 상승에 목맨 분별없는 불한당과 무능력한 건달이 득실거리는 이 세상을 저버리려고 한다. 더 어리석은 사람은 마약으로 대체적 상상계를 날조하고 이 미친 세상에서 약리학적 도피를 시도한다. 정신병이 유일한 피난처인 사람도 있다.

혁명가 혹은 혁명가를 자처하는 이들이 있지만, 그들도 인간의 고유한 뇌 영역을 작동하는 데는 익숙지 않아서 대개는 그저 지배자들이 강요하는 것과 반대되는 선택지를 지지하거나 지난 세기의 창조자가 자신의 시대를 위해 상상한 것을 오늘날 적용하려고 애쓰는 데 만족하곤 한다. 그들이 미리 만든 틀에 맞지 않는 것은 그들에게는 유토피아이자 대중의 정치의식이 약한 탓이고, 프티부르주아적 이상주의일 뿐이다. 그렇지만 그들이 옹호하는 여러 가지 측면을 포함한 사상은 언제나 사고할 시간이 있고 상상력을 발휘하는 프티부르주아가 제안했다는 점을 인정해야 한다. 그러나 어느 사상도 위계와 생산 체계의 문제, 사회적 신분 상승과 지배 권력의 문제에 이의를 제기하지 않는다. 새로운 사회 운운하지만, 그 사상을 주창한 이들은 새롭게 다가올 사회에서 자신들이 선택받은 위치를 누리게 되리라 생각한다. 자본주의적 이윤이 사라지면 노동자도 문화를 향유할 것이다. 이때의 문화는 분명 새로운 위계질서에 의문을 제기할 수 없는 문화, 즉 활기가 넘치고 오염되거나 규범에 어긋나지 않는 문화일 것이다. 자본주의적 이윤은 그 자체가 목적이 아니라 지배 권력을 보장하는 수단일 뿐이며, 새로운 사회구조가 위계질서를 위해 조직되고 제도화됐을 때 권력을 향한 욕망은 다른 많은 방식으로 표현될 수 있다고 감히 말할 사람은 아무도 없다. 인간은 항상 자기 행복을 추구하고, 이를 위해서는 새로운 사회적 관계를 제도화하면 된다고 생각한다. 하지만 생산수단의 사적 소유를 없애면 행정 관료와 기술 관료에 의한 새로운 위계질서의 지배를 받게 된다. 두 사람을 동일한 쾌감 영역에 뒀을 때 지금까지는 언제나 착취하는 사람과 착취당하는 사람, 주인과 노예, 행복한 자와 불행한 자가 생겼고,

행복
Le bonheur

나는 왜 늘 그럴 수밖에 없는지 설명하는 것 말고 이 상황을 종식할 다른 방법을 모르겠다. 작동 방법을 모르는 메커니즘에 어떻게 영향을 줄 수 있겠는가. 하지만 어떤 체제에서든 이런 무지를 이용해 이익을 얻는 자들은 그 지식을 나누려 하지 않는다. 특히 정보의 부족, 즉 무지는 불안의 요인이고, 불안으로 고통받는 이들은 스스로 정보를 얻기 위해 공들여 노력하기보다 아는 척, 유능한 척하며 자신을 보호해준다는 자들을 믿고 따르는 경향이 많다. 사람들은 구세주를 자처하는 자들이 자신의 권익을 대변하고 자신을 위해 생각해줄 거라 믿는다. 그리고 그 짐을 대신 짊어져준 까닭에 그들을 지배자의 자리에 앉혀놓고는 "알다시피 나는 정치 같은 건 절대로 하지 않는다오"라며 자못 자랑스럽게 말한다. 마치 정치가 그 일을 맡은 사람의 품위와 가치를 훼손하듯 말이다.

마지막으로 우리는 행복이라는 문제가 거짓은 아닌지 자문할 수 있다. 고통의 부재만으로 행복을 보장할 수 없다. 반면에 욕망의 발견은 오직 이 욕망이 실현될 때 행복으로 이어진다. 그러나 욕망이 실현되면 욕망은 사라지고 행복도 함께 사라진다. 남은 것은 욕망을 불러일으킬 수 있는 영원한 상상 속 구축물뿐이며, 행복은 그것에 만족하는 법을 아는 데 있을 것이다. 그런데 현대사회는 기술혁신을 위한 것 말고는 상상력을 억압해왔다. 권력자가 개혁이 아니라 변혁을 위한 상상력이 있다면 꽤 위협적인 독재자가 될 수 있다. 더는 상상할 수 없어진 현대인은 비교를 시작한다. 자신과 타인의 처지를 비교한다. 불만족스러울 수밖에 없다. 권력과 소비, 소유, 명성의 위계가 전적으로 상품 생산성 위에 구축된 사회구조는 생산과정에서 효과적인 개념과 행위를 학습하고 기억하라고 독려할 수밖에 없다. 그런 사회에서는 우리가 앞서 정의한 욕망을 제거하고, 창의성이 아니라 부르주아적 혹은 유사 혁명적 순응주의를 부추기는 갈망으로 욕망을 대체한다.

그 결과 불안이 생겨난다. 쾌감 행동을 할 수 없어서 불안이 생기고, 이는 때때로 공격성이나 폭력성으로 이어진다. 공격성과 폭력성은 종전의 질서와 위계를 파괴하고, 즉시 다른 체제로 대체할 우려가 있다. 지배 체제는 불행한 자들이 저항할까 두려워하며 늘 종교의 지원을 구해왔는데, 이는 개인 간 차이를 만들고 유지하기 위해 고안된 지상의 사회 경제적 구조 내에서 도달할 수 없는 행복을 천상에서 얻을 수 있다고 관심의 방향을 돌리게 만들기 때문이다. 개인 간 차이는 지극히 전문적이고 다소 추상적인 정보를 획득함으로써 가능해진 사물과 존재의 물질적 소유를 바탕으로 한다. 이런 가치척도는 개인을 일평생 자신이 생각하는 이상적 이미지,

행복
Le bonheur

헛되이 타인에게 강요하려는 이미지에 거의 부합하지 않는 칸막이 안에 가둔다. 하지만 그 척도에 이의를 제기하는 일은 일어나지 않는다. 대부분은 자신을 상위 계층으로 올라가지 못하게 막은 사회구조를 탓하는 데 그칠 것이다. 그의 상상력은 사다리를 뒤집어 상품을 생산하는 사람들을 상위에 놓고 혜택을 누릴 수 있도록 하자는 정도에 머무를 것이다. 그러나 오늘날 사다리 꼭대기에 있는 이들은 단시간에 상품을 대량생산 하는 유일한 수단인 기계를 고안한 사람들이다. 여전히 모든 것이 생산 중심으로 돌아가는 상황에서 사다리를 뒤집는다 해도 예전에 생산성으로 보상을 받던 이들의 동기가 사라져 생산성이 소멸할 위험이 크다. 이 딜레마에서 벗어나는 방법은 인간에게 행복을 추구하기 위한 다른 동기와 전략을 제공하는 것뿐인 듯싶다.

사회 전반에서 한 개인에게 자신만의 특성, 자신이 유일한 존재라는 (당연한) 사실을 입증하는 일이 상당히 중요하기에, 궁극적으로 행복을 찾는 방법은 자신의 생각이 타인의 생각과 어떻게 다르면서도 비슷한지 자신의 생각으로 구성한 상상물을 표현하는 데 있다고 말할 수 있다. 그러려면 사회구조가 어린 시절부터 상상력을 거세해 무력해진 상상력의 목소리가 이 팽창주의적 사회를 찬양하는 합창 소리에 무심히 섞이지 않도록 해야 한다.

노동

Le travail

노동
Le travail

노동의 일부 측면에 대해서는 이미 살펴봤다. 노동이란 원래 유기체라는 신진대사가 일어나는 장치가 수행한 작업을 뜻한다. 이 열역학적 활동 덕분에 유기체는 자신을 보존하는 방식으로 환경에 작용한다. 유기체는 노동을 수행하는 데 필요한 영양을 공급하고 결과적으로는 조직 층위로 구성된 전체 구조를 유지한다. 인간은 이런 구조를 통해 자신을 둘러싼 세상에 정보를 더할 수 있는 신경계로 연결된다. 따라서 인간의 노동은 이런 정보가 가득 차 있으며, 앞서 말했듯이 언어 덕분에 이전 세대의 경험이 축적되고 현실화하는 만큼 유기체가 자체 보존할 수 있는 확률이 크게 높아졌다. 인간의 노동에서 정보가 차지하는 비중은 수 세기 동안 점차 커졌지만, 이는 노동을 총체적으로 바라봤을 때 해당하는 이야기다. 사실상 개인 차원에서 이 정보는 지배적 위계에 따라 흩어져 있다. 조르주 프리드만*이 표현한 대로 오늘날 노동은 해체되고 지나치게 세분화해 상당수 개인이 이 기술정보의 극히 일부분을 사용하게 됐고, 결과적으로 그들의 노동은 모든 의미를 상실했다. 노동의 의의가 사라졌다. 노동이라는 말의 기표에 결합한 기의는 이제 존재하지 않는다.

그런데 유기체는 특정 노동을 수행하려면 동기가 필요하다. 인류 초창기에는 동기가 분명했다. 노동해야 생존하고 자신의 구조를 유지할 수 있었기 때문이다. 앞서 살펴본 바와 같이 이 노동은 도시화로 타인의 노동에 의존하게 됐다. 그나마 수 세기 동안 장인과 농부는 세상과 직접 접촉했으며, 그들의 노동은 덜 세분화했다. 노동이라는 행위의 심층적 의미, 즉 개인의 노동이 사회 전체와 이어지는 연결 고리가 남아 있었다. 이 연결 고리는 산업화와 함께 사라졌다. 노동자에게는 생계를 꾸리기 위해 일할 수밖에 없다는 압박감만 남았다. 더구나 사회 전체가 최저 생계를 어느 정도 보장하고,

....
* Georges P. Friedmann(1902~1977년). 프랑스의 사회학자이자 철학자. 산업 노동이 개인에게 미치는 영향에 관한 연구와 20세기 유럽과 미국에서 통제되지 않은 기술 변화 수용에 대한 비판으로 유명하다.

노동
Le travail

어찌 됐든 안전장치가 존재하는 것으로 보이기 때문에 기본적 욕구를 충족한다는 충동적 동기는 크게 약화된다. 반면 사회 문화적 학습에서 비롯한 동기는 강화된다. 광고를 보고 위계에서 지위를 드러내는 표지를 관찰하며 자기애적 차별화 표식과 사물을 소유하겠다는 갈망이 생긴다. 그러나 이런 동기는 곧 지배 체계가 강제한 소유권 수립 규칙에 부딪힌다. 정보가 별로 요구되지 않는 단순노동은 지배권을 갖거나 자기애적 만족이 들게 하지 못한다. 동기부여가 없는 노동은 사회 체계에서 점점 더 소외된 것으로 인식되며, 이는 특정 소수를 위해 더 많은 생산을 요구한다. 불과 몇 년 전에는 동네 바보도 공동체에서 자기 자리가 있었지만, 오늘날 사회는 생산 체계에서 쓸모없는 지적 장애인을 가둬 양심을 속인다. 사회 전체가 인간 동물원을 만들어 가질 정도로 부유해졌다.

점점 자동화되는 인간의 노동은 물 긷는 당나귀의 노역을 닮았다. 인간의 노동이 갖는 특성, 다시 말해 인간의 욕구에 부합하고, 상상력을 발휘하고, 결과에 대한 독특한 예측이 가능한 특성은 이제 존재하지 않는다. 산업화한 인간은 기아와 결핍에서 벗어났으니 내일에 대한 걱정이 아니라 인간의 조건에 대한 의문에서 비롯된 실존적 고뇌를 재발견하길 바랐는지도 모른다. 자동화로 생긴 자유 시간을 더 많은 상품을 생산해 지배 체제를 공고히 하는 데만 쓰지 않고, 개인에게 맡겨 기술적·직업적 전문화에서 벗어나길 바랐을 수도 있을 것이다. 현실에서는 기술 지식의 폭을 넓히고 업데이트하면 위계와 사회적 신분 상승이 수월해진다고 개인을 현혹해 자유 시간을 전문성 재학습에 쓰도록 했다. 개인에게 여가 문화를 약속하기도 했다. 개인이 사회구조 수립에 관심을 두면 그 메커니즘과 타당성, 구조의 존재 자체에 의문을 제기할 수 있다. 그렇기에 현재 사회구조의 혜택을 받는 모든 이는 가능한 한 많은 사람에게 무해한 오락거리를 제공하려고 노력한다. 이는 그 자체로 지배적 이념을 표현하는 상품이자 순응하고 돈을 내는 상품이 된다.

반면에 인간의 노동이 욕망에 반응할 때, 즉 상상을 끌어들여 실존적 물음에 답할 때도 '노동'이라 할 수 있을까? 그렇다고 말하는 사람은 극소수일 것이다. 종이 진화하는 단계에서 여전히 정보가 거의 담기지 않은 기계적인 노역을 어느 정도는 해야 하기에 인간 활동 전체를 고려한다면 맞는 말이다. 그러나 지식인의 노동도 노동자의 노동만큼 집중적이고 세분화하며, 열역학보다 훨씬 추상적이고 정보와 관련성이 높기에 그다지 매력적이지 않은 경우가 많다. 또 먹고사는 일과 거리가 있다 보니 종전의 무의식화한 사고 체계에 여전히 의존적이다. 무료한 작업을 반복하는 만큼 기술 노동자에게 동기를 부여하는 것은 위계적 보상과 자기애적 만족뿐이다.

노동
Le travail

그 결과 이 세상 모두가 무료함을 느끼고 자아와 존재 이유를 찾는다. 낡은 배에 난 구멍을 막아보려 하지만 다른 곳에서 물이 새는 것을 발견하고 놀라 임시방편으로 수리하고 이리저리 바꿔보려고 애쓰다가, 문득 가혹한 운명에 조종됐다는 데 생각이 미치면 인간은 모두 불안에 휩싸인다. 나는 다른 책에서 각자 하루 두 시간씩 직업과 무관하게 자기 삶과 동시대에 사는 타인의 삶에 관한 주제를 공부해보자고 제안했다.[8] 분석적 정보가 아니라 종합적 정보를 가지고, 분석적 방식이 아니라 포괄적 방식으로, 계획된 방식이 아니라 비교·대조하는 방식으로 알아가는 것이다. 개인이 세계 전반의 발전에 참여할 수 있도록 해야 할 것이다. 대중매체를 조작해 사람들을 안심시키고, 이 세상이 돌보고 있으니 걱정할 필요 없으며, 잘 아는 이들이 보살피고 있다고 믿게 하는 대신 말이다. 그런데 잘 아는 이들은 특정 분야에는 통달했겠지만, 다른 분야에 대해서는 아무것도 모를 것이다. 제아무리 뛰어난 과학기술 전문가라도 분자에서 시작해 지구상 인간 사회 조직으로 이어지는 인문학적 지식이 부족하다. 최근에 TV 방송국 책임자가 "저는 객관적이려고 노력합니다. 저는 정치를 하지 않아요"라고 말했다. 이런 말을 어떻게 듣고 넘길 수 있는가. 정치를 하지 않는다는 말은 우리가 벗어날 수 없는 사회 문화적으로 습득된 지식이라는 '객관적'이지 않은 왜곡된 렌즈를 통해 현상을 해석하는 일이기 때문에 여전히 정치를 하고 있다는 말이 아닌가?

요컨대 지구에서 인간의 역할은 오로지 정치적이라는 말이다. 인간의 역할은 우주라는 범선에서 인류가 생존할 수 있게 하는 사회구조, 개인 간, 집단 간 관계를 수립하려고 노력하는 것이다. 노동은 그 자체로 목적이 될 수 없다. 그렇기에 사회적 관계를 제도화하는 참고 기준이 될 수도 없다. 그렇게 되는 순간 노동을 궁극적 목적으로 여긴 인간 집단 혹은 인류 전체는 판매가 가능한 재화의 생산성 향상을 위한 노력에 빠져 삶의 중요한 목적, 즉 인간 집단과 인류 전체를 구성하는 개별적인 요소인 인간 사이의 관계를 잊고 만다. 인간은 유기체의 존재와 구조의 통제된 진화를 지배하는 기본적 신념을 버리고, 생산이라는 수단을 이용해 생산의 기원이던 지배적 위계 구조를 영구히 고착시킨다. 그러나 아무런 동기도 느끼지 못하는 노동을 배제하고 인간에게 동기를 부여하려면 조직의 여러 층위에서 사회구조가 존재하며, 그 폐쇄적인 체계 하나하나는 포괄적 체계로 '연결'돼 있다는 것을 알려주고 개인을 협소한 작업 공간에서 나오게 해 사회구조의 역동성으로 끌어들여야 한다. 개인은 자신부터 가족 집단, 기업과 산업을 아우르는 직업집단, 국가 단위의 물리적 힘과 정보 조직, 지구상의 인간 개체까지 이해할 수 있어야 한다. 자신이 정보를 구조화하는 역할과 생물권을 관통하는 거대한 에너지 흐름의 역할을 맡고 있음을 알 수 있게 해야 한다. 우주적 활동과 인류의 진화에서 그의 역할을 되찾아 줘야 한다. 조합주의나 민족주의 같은 낡은 집단 이기주의가 어떤 걸림돌이 되는지 이해할 수 있어야 한다. 지배 체제를 확립하는 발단이 무엇인지 짐작하고, 복종을 거부하는 것을 유일한 폭력으로 여기는 종전 질서의 반동적 폭력에 맞서도록 해야 한다. 우리의 동물성을 지배하는 메커니즘, 이타적이고 가부장적인 담론의 위험성을 인식하고, 스스로 다른 삶을 만들려는 욕망을 재발견하며 동시대 사람과 논의할 수 있어야 한다. 여기서 내 제안이 1968년 오월혁명을 제도화하려는 것이 아니냐고 반문할 수도 있다. 낡은 권력과 사회 문화적 자동성의 경직성을 공고히 하기 위한 일시적인 마약, 즉 불만의 압력을 이전 수치로 되돌리는 수단으로 악용되지 않는다면 그런 한 달은 분명 축제의 가치가 있을 것이다. 그러나 질서는 오직 무질서에서 생겨날 수 있다. 무질서만이 새로운 조합을 허용하기 때문이다. 새로운 조합을 허용하는 동안 원래 문화 전체에 새로운 요소를 추가해 새롭게 형성된 문화 체계의 복잡성을 높여야 한다. 그렇지 않으면 우리가 무너뜨리려는 구조보다 훨씬 강압적인 구조로 돌아갈 위험이 있다. 정보를 덧붙이는 일은 상상력에 달렸다.

결국 현대인이 자기에게 주어진 노동량을 감당하기 위해서는 매일 엄습하고 불안을 야기하는 기술적·사회적·문화적 현상을 자기를 위한 의미로 만드는 '새로운 틀'이 필요하다. 앞서 말했듯이 불안은 균형 잡힌 만족을 얻기 위해 효과적으로 행동할 수 없을 때 생겨난다. 하지만 현상, 상황, 사건이 아무 개연성이나 질서, 구조도 없이 생겨나고 쌓일 때 어떻게 효과적으로 행동할 수 있겠는가. 틀이 존재한다 해도 보통은 시대에 뒤진 것이어서 안도감을 주지만 효과적으로 행동하기에는 부족하다. 틀에 맞지 않는 현상은 무의미해지고, 그 틀을 쓰는 이에게는 관심 밖으로 밀려나 거부당한다. 그 결과 차이를 받아들이지 못하거나 논리적으로 행동할 이유를 찾지 못하는 종파주의가 나타난다. 이는 모든 폐쇄적 체계의 특징이다. 종파주의는 공격성과 자신만이 옳다는 확신을 낳고, 그 결과 편협해진다. 현대인에게는 타인을 부정하지 않고 포용하는 새로운 틀, 즉 현대의 구조를 구축하는 데 이바지한 모든 것에 열린 틀이 필요하다. 그러나 이 틀이 지구상의 모든 사람에게 보급되지 않으면 이 틀을 가진 사람은 언제나 이를 갖지 못한 사람의 완강한 태도에 직면할 것이다. 따라서 그가 죽음을 선택하지 않는 한, 여기서 벗어나는 유일한 방법은 상상으로 도피하는 것이다. 그의 노동은 거세 불안과 의기양양한 순응주의에 대한 표면적인 복종의

노동
Le travail

표현일 뿐이다.

인간은 욕망하는 존재다. 노동으로는 욕구를 충족할 뿐이다. 욕망하는 존재지만 노동으로 욕구를 충족하는 특권층은 드물다. 그들은 절대 노동을 하지 않기 때문이다.

일상이라고 부르는 삶은 낮과 밤이 번갈아 반복되는 것을 뜻한다. 계절과 세월도 마찬가지다. 이 우주적 순환은 무엇보다 각성과 수면을 조절하며, 좀 더 정확히 말하면 노동과 휴식을 지배한다. 실제로 우리 신경계는 자는 동안 상당한 신진대사 활동으로 회복하고, 깨어 있을 때도 충분한 휴식이 가능하다. 이를 보면 일상에서 자주 쓰는 노동과 휴식이라는 단어, 이와 연관된 여가, 각성, 수면 같은 단어의 의미가 모순처럼 느껴진다. 이 단어를 지하철, 일, 잠으로 표현한다면 여기 해당하는 사람은 도시인으로 그 수가 제한적이다. 노동이란 무엇인가? 우리 신경계에서는 신경 자극의 형태로 에너지를 방출하는 것을 의미한다. 근육에서는 기계적 수축이라는 형태로 에너지를 방출하는 것이다. 땀샘에서는 분비물이라는 화학적 형태로 에너지를 내보내는 것이다. 어떤 경우든 노동은 환경에서 가져온 에너지원을 이용해 다시 그 환경에 작용할 수 있도록 한다. 이때 작용이란 대부분 그 형태와 무관하게 영양분을 얻는 것이다. 이것이 바로 '노동력'이라는 말의 의미다. 그러나 세포가 하는 노동은 실제로 세포조직, 결과적으로 유기 조직을 유지하는 근본적인 기능을 한다. 다시 말해 환경에 작용하는 목적은 노동하는 유기체의 구조를 유지하는 것, 즉 자신의 구조를 유지하기 위해서 행동하고 작용하는 것이다. 이것이 바로 우리의 일상이다. 마르크스의 천재성은 이런 노동이 대부분 앞서 말한 목적을 위해서가 아니라 잉여가치를 통해 사회적 지배 구조를 유지한다는 사실에 주목한 데 있다. 구조가 있으면 당연히 그 구조를 유지하기 위해 에너지가 필요하다. 유기체의 모든 세포는 각각의 세포 구조를 유지하는 데 쓰이는 에너지를 일정량 방출할 뿐만 아니라 추가 에너지, 그러니까 잉여 에너지를 내보내 유기체 전체 구조를 유지하는 데 사용한다. 사회주의국가에서 개인은 자신의 구조를 유지하기 위해 해야 하는 양보다 많은 노동을 하고, 잉여가치는 사회구조를 유지하는 데 쓰인다. 자본주의 구조와 비교할 때 다른 점은 잉여가치의 사용 방향과 사용처, 이를 결정하는 위계의 기반이다. 지배 체계를 구축하는 수단인 이윤을 제거했다는 사실은 의심할 나위 없이 사회구조 확립과 그 구조에 참여하는 개인의 일상에서 한 걸음 나간 것이다. 안타깝게도 곧 이를 대체할 수단이 발견되고 다른 지배 구조가 등장했다. 에너지와 관련된 열역학적인

노동
Le travail

측면은 개별적이고 사회적인 모든 생물 체계와 인간을 비롯한 모든 생물 종에게 적용될 수 있다. 그렇다면 인류는 유기체의 구조를 유지하는 데 필요한 에너지 교환 체계에서 무엇으로 새롭게 이바지했는가? 사랑, 문화, 영적인 차원, 예술, 자각적 의식, 도덕, 윤리, 초월, 극복, 성취 등은 언급하지 말자. 이런 단어로는 모자에서 비둘기를 꺼내는 마술 같은 눈속임을 할 수 있을 뿐, 정작 이 단어가 의미하는 상태에 도달하려면 어떻게 해야 하는지 더 배우지 못하기 때문이다.

인간이 자기 존재의 순수한 에너지적인 측면에 새롭게 이바지하는 것은 정보다. 인간은 무기물에 형태와 내용을 부여한다. 인간은 기억된 경험을 바탕으로 새로운 상상적 구조를 만들 수 있고, 환경에 작용하면서 그 구조의 효과를 확인할 수 있다. 가설을 세우고 실험을 통해 가설의 타당성을 검증할 수 있다. 인간은 이렇게 정보를 가공하면서 인류가 등장한 초기부터 적대적인 환경에서 일상을 보호하고 개선했다. 그리고 점점 더 많은 에너지를 절약할 수 있게 됐다. 인간은 정보를 새로 만든 덕분에 곧 농업과 목축업을 통해 태양에너지를 효과적으로 이용하기에 이르렀다. 당시 이런 지식은 순전히 경험의 산물이었다. 시간이 더 흐른 뒤에는 고삐를 발명한 덕분에 동물의 에너지를 이용해 좀 더 빨리 이동하고 무거운 짐도 옮길 수 있게 됐다. 금속을 발견해 양팔의 효율성이 높아졌다. 요컨대 뇌로 처리할 수 있는 정보를 만들어 한편으로 환경의 영향을 덜 받으면서 좀 더 규칙적으로 음식을 섭취하고, 다른 한편으로 음식물을 구하는 데 필요한 노동과 에너지 방출이 줄어 좀 더 효율적으로 에너지를 관리하고 적은 에너지로 유기체를 유지하고 더 잘 보호할 수 있었다. 이렇게 효율적인 노동으로 얻은 이익은 최초의 복합적 사회구조를 구축하는 데 쓰였다. 정보가 더 정교해지면서 다양한 직업에 따라 전문화되고 다양한 기능적 활동을 하는 다세포적 사회구조가 등장했다. 이런 사회구조에서 개인은 자신의 욕구를 혼자서는 충족할 수 없게 됐다. 자신이 할 수 없는 것을 얻기 위해 타인에게 의존하고, 타인은 그가 할 줄 아는 것을 얻기 위해 그에게 의존했다. 그렇게 인간은 새로운 차원의 도시라는 조직으로 나갔다. 수 세기가 지났다. 언어를 통해 전달함으로써 여러 세대에 걸쳐 축적된 정보는 점차 정교해졌다.

현대에 이르러 더 정교한 기계가 등장한 것도 인류가 만들어낸 정보를 이용해 물질과 에너지를 알고 변형한 데서 비롯됐다. 이는 원자를 활용하는 단계까지 다다랐다.

기계를 발명하고 사용함으로써 생산량이 증가했다. 산업혁명 이전 시기에 '수공업' 제품과 구별되는 '기계공업' 제품의 증가다.[9] 기계로 제작한 물건은 인간이 그 물건을 만든 기

노동
Le travail

계에 한 번 제공한 모든 정보를 담고 있다. 손으로 제작한 물건은 인간의 뇌에 학습으로 입력된 정보를 담고 있지만, 인간은 물건을 만들 때마다 각 제작 단계에서 이 정보를 업데이트하고 정보의 매체로서 신경 에너지와 신경 근육 에너지를 방출해야 한다. 기계공학에서 인간은 주로 기계에 정보를 제공하는 역할을 한다. 기계를 발명·제작하고 사용하게 하는 정보는 추상적인 지식이다. 이 정보는 고도로 발달한 물리학과 (물리학의 법칙을 표현하는 언어로서) 수학적 지식을 기반으로 한다. 아직 남은 인간의 열역학적 노동은 생산된 물건의 중요성이나 사회적 역할과 뚜렷한 연관성 없이 매우 단편적으로 이뤄진다. 그 노동은 추상적 정보에 접근하지 못한 인간이 제공하게 될 것이다. 추상적 정보는 기술자가 소유할 것이다. 기술정보가 추상화될수록 그 정보는 포괄적이고 다양화된 방식으로 활용되고, 단시간에 더 많은 물건을 생산하기 위해 효율성이 향상된 복합적인 기계를 발명할 가능성도 커질 것이다.

개인이 아니라 사회적 구조 유지에 필요한 잉여가치 개념으로 돌아가자. 인간을 정보로 가공된 물질과 에너지[10]의 생산자로 간주한다면, 가장 많은 잉여가치를 제공한 사람은 단시간에 가장 많은 물건을 생산한 사람[11]이다. 결국 소비재나 이를 생산할 기계를 제작하는 데 사용할 수 있는 가장 추상적인 정보를 가진 사람이다. 다시 말해 인간을 재화의 생산자로 보면 가장 많은 잉여가치를 제공할 뿐만 아니라 생산에 기반을 둔 사회구조에서 이 구조 유지에 유용한 추상적인 정보를 보유한 사람이 가장 큰 보상을 받을 수 있다.

이렇게 개별적 구조에서 사회적 구조로 넘어갔을 때 개인은 자신의 구조 유지에는 간접적인 역할만 하는 노동을 얼마간 제공해야 하는데, 이는 무엇보다 좀 더 복합적인 사회구조를 유지하는 데 필요하기 때문이다. 하지만 이 노동은 인간 고유의 특성이 있어서, 인간의 뇌에서 일어나는 독특한 기능적 활동과 확고하게 연관된 상호 보완적인 두 가지 측면을 보인다. 하나는 순수하게 에너지와 연관된 열역학적 측면으로, 우물에서 물을 길어 올리느라 양수기를 돌리는 당나귀처럼 에너지의 양을 정확하게 산출할 수 있다. 다른 하나는 정보적인 측면으로, 킬로그램 단위로 산출되진 않아도 다른 동물은 할 수 없는 양수기를 발명한 인간의 상상력이다. 당나귀의 노동은 우물에서 물을 길어 올릴 때 필요한 에너지를 내고, 이 당나귀가 이튿날에도 같은 노동을 제공하려면 야위지 않고 건강과 구조를 유지하는 데 필요한 음식물의 양으로 측정된다. 반면에 양수기의 원리를 발명한 인간이 제공한 정보는 그가 죽은 뒤에도 전 세계에서 사용될 것이다. 인간 노동의 정보적인 측면은 매우 다른 두 가지 형태로 나눌 수

노동
Le travail

있다. 하나는 언어로 전달되고 학습으로 습득되는 다소 추상적인 정보를 인간의 두뇌에 특화된 방식으로 활용하는 것이다. 오랜 세월에 걸쳐 쌓인 경험 덕분에 세대를 거듭할수록 효과적인 행동이 가능하다. 하지만 이런 형태의 노동은 이전의 경험에 아무것도 더하지 못하고 정보를 재생산하고 전달할 뿐이다. 이런 노동만 했다면 우리는 여전히 부싯돌을 쪼개서 도구를 만들 것이다. 경험이 축적되려면 종전의 지식에 새로운 지식을 더해야 한다. 상상력을 동원해 작업상 가설을 세우고, 이를 바탕으로 새로운 추상적 구조를 고안할 수 있어야 하며, 환경에 작용하는 경험을 통해 추상적 구조를 구체화하면서 가설이 맞는지 확인할 수 있어야 한다. 인간의 뇌가 정보를 이용하는 첫 번째 형태는 추상화와 기억을 동원할 뿐이지만, 두 번째 형태는 여기에 상상의 기능을 추가한다.

이제 앞 장에서 논한 사랑으로 돌아가자. 우리는 사랑에 관해 이야기하기 위해 인간 신경계의 기능적 특성을 도식화했다. 인간은 모든 동물과 마찬가지로 먹고 마시고 번식하는 방식으로 환경에 작용하면서 자신의 구조를 유지하려는 목적을 이뤘다. 그리고 자신의 기본적 욕구를 충족하는 데 필요한 사물과 존재가 있는 특정 공간에서 이를 수행했고, 생존을 위해 사물과 존재를 자기 것으로 만들려고 했다. 그 과정에서 동일한 사물과 존재가 필요한 다른 인간과 경쟁하게 됐고, 인간에게도 다른 동물과 마찬가지로 위계가 등장했다고 앞에서 이야기했다. 처음에는 가장 강하고 공격적인 사람이 다른 사람에게 지배력을 행사했다. 그러나 오래전부터 지배력을 행사하기 위해 물리적 힘이 더는 필요하지 않았고, 공격성은 위험하게 몸을 쓰는 폭력이 아니라 다른 수단으로 지배력을 보장했다. 기술정보와 물리법칙을 활용해 생존에 필요한 양보다 많은 물건을 생산하면서 물건의 교환과 자본축적이 가능해졌다. 이렇게 자본을 축적한 사람은 그 자본으로 만족을 위한 물건과 그것을 생산하는 수단인 기계를 더 많이 손에 넣었다. 인간이 노동할 때 정보 면에서 기계 의존도가 높아지자, 결국 기계를 소유한 사람에게 점점 더 의존하는 모양새가 됐다. 그들의 노예가 된 것이다. 자본의 소유는 지배 권력을 확립하는 새로운 수단이 됐다. 따라서 인간의 열역학적 노동으로 발생한 잉여가치는 사회구조의 안정성, 즉 지배력을 바탕으로 세워진 인간 집단 간 조직 층위를 고착시켰다.

그러나 산업혁명과 더불어 사회구조 전반이 기술혁신에 점차 의존하게 되면서 더 큰 풍요를 만들었다. 질량과 에너지가 있어도 이것을 물건으로 가공할 정보가 없으면 아무 소용이 없다. 인간은 언제나 질량과 에너지가 있었지만, 수 세기

노동
Le travail

동안 이를 이용할 기술정보가 없었다. 따라서 기술정보는 개인은 물론 사회집단, 국가, 국가연합 간의 우위를 확보하는 데 필수적인 자산이 됐다. 기술정보를 가진 국가는 그렇지 못한 인간 집단의 생태적 공간에 있는 원재료와 에너지를 독점하고 점점 더 강력한 무기를 만들면서 제국주의가 탄생했다. 기술적 진보는 지배 체계 구축을 가능하게 하기에 충분히 동기를 부여할 수 있는 유일한 것이라서 그 자체가 선으로 간주됐고, 그 결과 지배 체계는 정당하고 그만한 가치가 있는 것으로 여겨졌다. 인간 고유의 기능인 창조적 상상력을 발휘한 보상이었기 때문이다. '진보'라는 단어는 기술적 진보와 동의어가 됐다. 지극히 비인간적인 지배력 추구라는 기술적 진보의 근원은 점차 은폐되고, 대신 진보에 대한 가치판단 체계가 자리 잡으면서 진보는 본질적이고 절대적인 선이 됐다. 인간이 창조적 상상력을 구현할 수 있는 유일한 존재라는 종의 진화 개념도 이런 상황을 만드는 데 한몫했다. 인간은 기술적 진보로 무한한 미래를 보장받은 듯했으나, 안타깝게도 이는 아직 부분적으로만 사실이다.

사회 지배 구조를 유지하는 데 필요한 에너지, 즉 잉여가치는 점점 더 많은 기술정보를 필요로 하기에 기술정보를 가진 이들이 지배 체계에서 우위를 점하고, 이런 정보와 무관한 일을 하는 인부나 단순노동자는 위계 사다리 하단에 남는 게 당연했다. 반면에 학습을 통해 효과적으로 생산과정에 투입된 사람은 인류의 지식 자본에 아무런 기여를 하지 못해도 단순히 재생산으로 혜택을 받았고, 그들이 활용할 수 있는 기술적이고 전문적인 정보의 추상화 정도가 높을수록 혜택은 커졌다. 새로운 정보를 만들어낸다 해도 상품 생산과정으로 이어지지 못하면 그 사람은 지배적 위계에서 한자리를 확보할 가능성이 거의 없는 상황까지 왔다.

일상

La vie quotidienne

일상
La vie quotidienne

지금까지 살펴본 맥락에서 산업사회에 사는 현대인의 일상은 무엇으로 구성됐을까? 이제 우리가 그 동기를 알게 된 기술적 진보 결과 현대인이 굶어 죽는 일은 거의 없다. 현대인이 속한 사회구조에서는 일반적으로 최소한의 기본 욕구 충족이 가능하다. 태어난 환경 탓에 직업 활동에서 적당한 추상화 단계에 이르지 못하더라도 생산과정에서 에너지를 많이 소모하는 노동을 제공하면 그 대가로 자신의 구조를 유지할 수 있다. 자본주의국가에서 노동자가 자신의 구조를 유지하려면 급여와 해야 할 일, 생산성을 결정하고 노동력을 유지하는 데 필요한 최소한의 것을 제공하는 생산·교환 수단의 소유자에게 전적으로 의지하게 된다. 사회주의국가에서 생산·교환 수단은 원칙적으로 국가 구성원 전체의 공동소유지만, 행정 관료가 지키는 제도적 질서에 맞지 않는다면 구성원이 자기 욕망을 더 쉽게 표출하고 실현할 수 있는 상황도 아니다. 두 경우 모두 생산 주체로 간주되는 개별 구성원은 그가 얻은 전문 정보의 추상화 정도에 따라 위계에 편입한다. 그가 제공한 잉여가치는 모두 지배적 사회구조를 유지하는 데 쓰이고, 그가 자신의 직업을 결정하는 일은 절대 없다. 일하는 동기도 사회적 신분이나 위계 상승을 보장하는 것으로 동일하고, 이를 위한 수단도 가능한 한 추상적인 전문 정보에 접근하는 것으로 동일하다. 사회주의국가에서 유일한 차이는 만족을 주는 행동을 강화하는 보상, 즉 추상적 정보를 얻기 위해 들인 노력에 대한 보상은 수익이 아니라 위계적 지배 체계 자체이자 그에 따르는 자기애적 만족이라는 점이다. 이는 사회집단에도 동일하게 적용된다. 그 결과 '사회적 불공정'이라고 불리는 것이 더는 물건의 소유권만으로 표현되지 않기에 덜 명백하고 공개적으로 드러나지 않는다. 위계는 물질적 풍요나 이를 누리는 지위보다 '능력'에 연관됐다고 여기는 권력으로 확실하게 표출된다. 그러나 이 공로는 여전히 생산성 향상에 대한 기여도와 사회구조의 생존을 보장하는 개념, 다시 말해 지배 체계를 구축하는 법칙에 대한 적합성을 기준으로 평가된다.

두 사회체제에서 확산하는 도시화와 산업화는 생산 행위와 생산된 물건의 거리를 벌리고, 수작업이든 전문 기술이 필요한 작업이든 (자동화된 동작이 더 빠르고 효과적이라 생산성이 높다는 이유로) 단조롭게 만들고 자동화하며, 생산 활동에서 자발성과 혁신, 상상력과 창의력을 소멸시키고, 궁극적으로 지루함만 남기는 동일한 결과를 낳는다. 생산 체계에 순응해 신분 상승을 도모하고 지배력을 높이며 자기 안의 상처를 치유하는 게 아니라면, 사회적 기계의 톱니바퀴에서 빠져나와 자신에게 만족을 주기 위해 행동할 수 없기에 우울증에 빠지거나 폭력을 휘두르게 된다.

따라서 대다수 사람에게 일상은 양분을 얻기 위한 기쁨 없는 노동으로 가득 차고, 일부는 자기애적 만족과 물질적 만족, 지배력 행사에 대한 희망으로 가득 채운다. 그런데 이 권력도 당장 직업 환경에서나 행사할 수 있고, 사회구조의 진화에 아무런 영향도 주지 못하며, 사회구조 수립 규칙을 준수할 수밖에 없기에 개인은 배제되거나 소외된다. 직업 활동이 기대한 물질적 만족이나 자기애적 만족을 주지 못한다 해도 개인은 아직 사회의 기본 구조인 가족으로 돌아갈 수 있다. 가족 안에서도 구성원 사이의 위계가 수립돼, 남성에게 사회구조의 근간이 되는 우위를 부여한다. 심지어 오늘날 양성평등을 주장하는 여성도 직업적 위계 상승의 틀, 즉 전문적인 정보를 추상화한 정도에 따라 달라지는 위계적 지위와 관련된 물질적 만족의 틀에서 벗어나지 못한다. 여성의 요구는 무엇보다 생산과정에 동등하게 참여해 동일한 보상의 혜택을 누리는 것이다. 위계 상승에 기반을 둔 일상은 다수를 만족시키지 못한다. 위계 피라미드의 기단이 너무 넓기 때문이다. 따라서 자본주의사회에서 사람들은 물건을 더 많이 소유함으로써 자기애적 불만족을 보상받으려 노력하고, 소유욕을 불러일으키기 위해 산업 확장의 산물인 광고를 무제한 쏟아낸다. 또 대중이 더 많이 소비해야 이익이 늘어나고 투자가 증가해 지배 계층이 영원히 존속한다. 이는 잘 알려진 바와 같이 모든 사람이 혜택을 누리는 소비사회가 추구하는 원칙이다. 사람들에게 생산과 소비 외에 다른 활동이 있다는 것을 가르치지 않았기에 은퇴하면 그들에게는 위계 상승이라는 동기부여, 물질적 풍요 확대, 자기애적 만족이 남아 있지 않다. 그들에게 남은 것이라고는 노년기에 어울리는 소소한 게임을 하면서 급속도로 노쇠해지는 일뿐이다. 비슷한 가치관 속에 성장한 다음 세대가 이 노인들을 따뜻하고 친절하지만 역설적이게도 가부장적으로 존중하고 보호한다면 그나마 다행이다. 자신이 쓸모없어졌고 아직 자신을 부양하는 사회에 짐이 된다는 점을 인식한 노인들은 종종 공격적이고 원망스러운 모습으로 기억에 묻혀 사라진다.

마지막으로 산업사회는 더 많은 제품을 생산하는 데 아직 필요한 노동자 대중의 마음을 잡기 위해 여가를 준비한다.

일상
La vie quotidienne

여가는 대중이 근본적인 삶의 문제에서 관심을 돌리게 하고, 그들에게 주도권을 쥐어 주면서 그 자체로 새로운 수익원이자 지배 체계를 유지하는 원동력이 된다. 수백만 명의 일상은 노동과 가족, 기획된 여가로 구성된다.

물론 누군가가 자신의 삶을 '승화'시키고 '초월'을 추구하고 종전 문화를 흡수하면서 일상 속 부조리에 대한 보상을 찾는다 해도 아무도 막을 순 없다. 마찬가지로 만족스러운 행동을 할 수 없을 때, 정치나 노동조합, 사회참여 등을 배출구로 활용하면 자신의 한계에서 벗어나 공동선과 더 나은 세상을 위해 일한다는 인상을 줄 수도 있다. 다만 이 경우에도 그가 자기 생각대로 행동하거나 기도회에서 나지막이 읊조리는 성무일도서*에 없는 정보의 출처를 찾는 일은 일반적으로 금지된다. 다른 어느 곳에서와 마찬가지로 기억과 순응주의가 가장 높이 평가된다. 집단에 소속돼 안정감을 누리고 무정부주의자나 극좌파 혹은 이상주의자로 분류되는 것을 피하려면 상상력을 동원하는 일도 삼가야 한다. 대신 지도자, 계시를 받은 사제, 구세주, 책임자에게 충성을 다해야 한

....
* 로마가톨릭교회의 라틴 전례에 사용되는 기독교 전례서. 매일 정해진 시간에 하느님을 찬미하는 교회의 공적이고 공통적인 기도 등을 담았다.

다. 지배적 위계에 반대하는 경우라도 지배 구조 안에 있어야 한다. 보수적 순응주의가 존재하듯이 혁명적 순응주의도 존재한다.

불과 1세기 전만 해도 유럽의 대다수 사람은 자신이 태어난 마을을 떠나는 일이 거의 없었다. 개인이 얻을 수 있는 정보의 출처와 행동 가능성은 그가 평생을 보낸 감각적 공간에 국한됐다. 그래서 그는 언제나 상황을 지배하거나 적어도 효과적으로 통제할 수 있다고 생각했다. 오늘날에는 전 세계의 정보가 아주 작은 폐쇄적 공간에도 침투하지만, 그 속에 갇힌 사람은 이에 효과적으로 대처할 수 없다. 그 결과 만족이나 안정을 주는 어떤 행위로도 달랠 수 없는 불안이 생긴다. 정치 참여만이 집단행동으로 현 상황을 개선할 수 있다는 희망을 준다.

이렇듯 현대인의 일상은 생산과정의 일부로 생존을 보장하는 외에 아무런 의미 없는 노동과 그가 속한 사회구조를 조직하려는 이념 사이에 갇혀 있다. 이 이념은 언어를 통해 논리적 담론으로 표출되는데, 소위 이 '분석'은 그 메커니즘과 의미가 무의식으로 남아 있는 충동과 습득된 자동성을 언제나 은폐한다. 그런데 충동은 개인적 안녕을 위해 행동하게 하고, 습득된 자동성은 사회구조를 유지하는 데 최적화된 행동을 형성할 뿐이다. 조직을 움직이는 메커니즘을 인식

일상
La vie quotidienne

하지 못하는 이 사회구조는 지배 구조일 수밖에 없다. 다시 말해 생산과정에 적용된 물리학적 개념과 이념적 담론 사이에는 아무것도 없다.

 실제로 무엇이 물리학 연구를 가능하게 했고, 담론 이면에 무엇이 감춰져 있는지에 대한 지식이 필요하다. 이 지식은 무생물에 대한 과학이 생겨나기 전에는 등장할 수 없었기에 생긴 지 얼마 안 됐고, 단순히 열역학적 과정이 아니라 구조에 관련된 문제라 지극히 복잡하다. 특히 무의식의 생물학과 신경계를 작동하는 과정에 대한 지식은 최근에야 빛을 보게 됐다. 온통 담론으로 얼룩진 의식적인 과정의 가면을 벗겨버리는 데 어려움을 겪어 잘 드러나지 않았기 때문이다.

 사회가 어릴 때부터 평생 개인에게 자신이 무엇인지 생각하고 욕망하고 기억하고 기쁘거나 슬프고 평온하거나 불안하고 분노하거나 우울하게 만드는 메커니즘, 즉 타인과 함께 살아갈 수 있게 하는 메커니즘이 무엇인지 알려주고, 가장 효율적인 상품생산 방법에 대한 정보를 주려고 항상 애쓰는 만큼 인간이라는 흥미로운 동물에 대해 많은 정보를 제공한다면 그 개인의 일상은 변화할 가능성이 높다. 자기 자신보다 강력하게 관심을 끌 수 있는 것은 없기에, 개인의 성찰이 본질을 은폐하고 나머지는 왜곡했으며, 사물은 있는 그대로 만족하고 그것에 가치를 부여하는 것이 개인이나 개인이 속한 집단의 이익이라는 것을 깨달으면 개인의 일상은 변화할 것이다. 개인은 고립감에 빠지지 않고 시공간을 초월해 이어져 있다고 느끼며, 타인과 비슷하면서도 다르고, 유일하면서도 다중적이고, 표준적이면서도 특별하고, 일시적이면서도 항구적이고, 아무것도 소유하지 않으면서도 모든 것을 소유하고, 자신의 기쁨을 추구하면서도 타인에게 기쁨을 줄 것이다.

무엇보다 영원한 가치가 복잡하게 얽힌 잡동사니에서 벗어나 처음 등장했을 때처럼 천둥벌거숭이라도 인간은 지나간 세대가 습득한 지식을 기반 삼아 자신의 창의성으로 세상에 이바지할 수 있을 것이다. 지금까지 주로 노동의 도구를 만들어낸 창의성으로 지식의 도구를 만들기 바라면 된다. 앞서 우리가 이 단어에 부여한 의미에 따르면, 창의성은 욕구가 아니라 욕망을 충족하기에 노동이 될 수 없다. 창의성은 충동에 반응하지만, 상상이라는 무지갯빛 스카프를 통하기에 사회 문화가 사회적 행동이 요구하는 규칙을 학습시켜 신경계를 변형했어도 그 권위에 손목을 묶인 듯 굴복하지 않을 것이다. 이는 완벽한 자연 상태로 돌아가자고 주장한 루소의 유토피아적인 사상과 다르고, '선한' 미개인이나 원죄를 짓기 전의 아담과 하와로 돌아가자는 것도 아니다. 지식이라는 독이 든 사과를 먹기 전으로 돌아가려 하기보다 인간 고유의

일상
La vie quotidienne

일인 '정보 창조'를 '문화 공간의 무기물화'와 혼동하지 말자는 것이다. 지금까지 문화는 시장경제와 무관한 형태를 유지하며 필연성의 압력이라는 맹목적인 존재에게 엉덩이를 차이면서 발전해왔다. 시민의 일상은 달팽이 걸음으로 그 뒤를 따랐다. 나는 문화가 헝클어진 머리에 코에는 잼이 묻은 채 구겨진 바지를 입고 학교를 땡땡이치는 모습이면 좋겠다. 그렇게 상상계의 덤불을 헤치며 욕망의 오솔길을 찾기 바란다.

삶의 의미

Le sens de la vie

삶의 의미
Le sens de la vie

삶은 무엇을 의미할까? 간세포에게 삶의 의미를 물어보자. 간세포도 분명 살아 있지만 답할지 몹시 의심스럽다. 육지와 바다와 하늘에 사는 곤충과 동물에게 삶의 의미를 물어보자. 그들도 분명 각자의 삶을 살지만 답을 할지 모르겠다. 중국어밖에 할 줄 모르는 중국인에게 프랑스어로 삶의 의미가 무엇이냐고 물어보자. 그도 대답할지 모르겠다. 의미가 있으려면 메시지가 있어야 한다. 메시지가 있으려면 어떤 기호 체계와 전달 체계에 따라 메시지를 표현하려는 의식과 그 메시지를 받아서 해독하려는 의식이 있어야 한다. 내가 "육체는 슬프다, 아아! 그리고 나는 모든 책을 다 읽었구나"*라고 적었다면 글자를 임의로 나열

.....
* 스테판 말라르메의 시 '바다의 미풍(Brise Marine)' 첫 구절.

한 것이 아니라 엄밀한 질서에 따라 한 글자 옆에 다른 글자를 적은 것이고, 그렇게 적은 글자가 단어를 만들고 각각의 단어는 문장에서 주어와 보조사, 동사 등 품사로 기능한 것이다. 단어의 전체 구조는 메시지, 즉 기표(시니피앙)고, 이는 전달하고자 하는 정보가 담긴 기의(시니피에)의 매체가 된다. 삶이 의미가 있다고 말하는 것은 삶이 구조화된 매체인 메시지, 즉 기의를 담은 기표라는 말로 해석할 수 있다. 그렇지만 이 메시지는 내 간세포나 동물이 아니라 인간만 이해한다고 주장할 수 있다. 이 메시지가 인간에게만 보편적인 언어로 표현됐다는 뜻이다. 인간의 의식이 보편 구조 전체의 모델이 되는 완성된 의식이라고 가정하면 안 된다. 이는 지극히 인간 중심적인 생각일 뿐 아니라 그럴 가능성도 희박하다. 심지어 나는 내가 하는 말을 내 간세포가 알아듣지 못하듯 우리도 전 지구적 유기체가 하는 말을 알아듣지 못하는 것이라고 믿고 싶은 유혹에 빠진다. 전 지구적 유기체란 인류를 구성하는 모든 개인, 산 자와 죽은 자로 언젠가 구성될, 아니 이미 구성됐을지도 모르는 전체 집단으로, 매 순간 세포의 일부가 사라져도 생존하는 유기체처럼 인류도 산 자와 죽은 자로 구성되기 때문이다.

근원적 의미에서 생명은 비판받기 쉬운 개념이다. 다양한 수준의 복잡성을 지닌 생물체가 존재하고, 그 생물체의 조직

삶의 의미
Le sens de la vie

을 지배하는 구조적 법칙이 먹이사슬 피라미드의 아래에서 위까지 동일하게 유지되는 듯 보이지만, 이들 모두를 움직이게 하는 에너지원은 태양에너지라고 할 수 있다. 그리고 생물권의 모든 생물 체계는 구성 요소의 형태가 다양해도 일관된 전체를 구성한 듯 보이지만, 이 전체를 자연의 법칙과 무관한 특정 힘, 우리가 '본원적 생명'이라는 단어로 상징하는 생명 충동에 따라 '살아 움직인다'고 여길 만한 근거는 전혀 없다. 그래서 '삶의 의미'를 찾는 일은 우주의 극히 일부에 해당하는 생물권에서 일어나는 모든 생명 과정의 목적을 찾는 일로 해석해야 한다. 우주 안에 다른 조직 수준에 따라 복잡한 조직 구조, 즉 다른 세계가 있다면 우리는 그 구조가 본원적 의미에서 생명에 속하는지 그렇지 않은지 판단하기 위해 어떤 기준을 사용할까?

우리가 속한 세상의 생물체를 조직하는 구조적 법칙과 메커니즘을 정확히 알고, 우리가 관찰할 새로운 형태의 조직을 관장하는 구조적 법칙과 메커니즘이 유사한지 파악해야 어떤 기준을 사용할지 결정할 수 있다. 우리가 의식, 상상, 기억 같은 단어로 분류한 것처럼 조직된 물질의 기능적 특성을 일부만 밝혀내는 데 그친다면 지금까지 알고 있는 것과 다른 메커니즘이 동일한 기능의 근간을 이루는지 확실히 알 수 없다. 어쨌든 내 간세포는 내가 지금 논리적이랍시고 펼치는 담론이 아니라 간세포 구조가 해독할 수 있는 신호만 수용할 수 있는 것처럼, 우리도 고유의 신경 구조 조직이 허용하는 것만 이해할 수 있다는 점은 확실하다.

  이런 지식을 사전에 갖추면 생물권 내에서 생물 종을 구성하는 개체가 우리가 관찰할 수 있도록 제공하는 전체 생명 과정의 '의미', 즉 의미 작용과 의미 내용을 이해하려고 시도할 수 있지 않을까? 생물 종 가운데 우리가 특히 관심 있는 인간 종에게 삶의 '의미'란 무엇일까? 메시지와 기표의 구조, 진화론은 인간이 오랜 세월에 걸쳐 변화해왔음을 보여준다. 그러나 우리가 어떤 현상을 다룬다 해도 그 이면의 메커니즘을 알기에는 아직 요원하다. 설령 그 메커니즘을 밝혀낸다 해도 그 현상이 시간의 흐름 속에서 일어난 것이기에 인간의 시간 개념에 의문이 생길 것이다. 현재 시점에서 관찰되는 모든 생명 과정은 지난 수십 년 동안 순전히 물리적이고 열역학적인 생명의 메커니즘을 어느 정도 알려줬다. 최근에는 종의 특성을 이루는 구조적 메커니즘에 대해서도 어느 정도 파악하게 됐다. 그러면서 물질과 에너지, 정보에 관한 지식과 연관된 관념과 현상을 바탕으로 메시지의 글자가 어떻게 조합되는지 제대로 이해하게 됐다. 우리는 현대물리학과 생물학을 활용해 생명 과정의 통사법을 깨달은 것이다. 우리는 그 의미를 결코 이해할 수 없을까? 우리가 해석하는 메시지의 구조가 담고 있는 의미는 무엇일까? 전하려는 기의가 있기는 할까? 기의에 무지한 상태에서 생명은 의미가 있을까? 우리는 마치 기호가 가득 적힌 종이를 들고, 자신이 모르는 언어로 쓰인 이 메시지를 전달하는 임무를 맡았다고 생각하며, 누구인지도 모르는 수신인에게 되도록 빨리 전달해야 한다고 확신하는 사람 같다. 잉크와 종이의 물리화학적 구조와 자신이 선택한 이동 수단(예를 들어 내연기관)의 작동 원리를 완벽히 안다 해도 손에 든 종이가 메시지인지, 이 메시지가 다른 사람에게 정보를 알리고자 하는 누군가가 작성했는지 확신할 수 없을 뿐만 아니라 그 정보의 의미도 알 수 없다. 그것을 안다면 과학의 영역에서 신앙의 영역으로 넘어간 것이다.

과학과 신앙을 구분하는 데 아무런 가치판단도 하지 않았음을 짚고 넘어가고 싶다. 나는 그저 유형을 구분하려 했고 어떤 영역을 선택하든지, 아니면 양립할 수 없는 특성을 인지하고 동시에 두 영역을 받아들이기로 했어도 타인에게 우리의 태도를 강요할 논리적 근거가 없다는 점을 덧붙이고자 한다. 카이사르의 것은 카이사르에게, 하느님의 것은 하느님에게 돌리라는 말을 기억하자.

기표의 의미는 과학의 영역에 속할 수 없으니, 우리가 할 수 있는 일은 이 기표의 통사에 국한해서 행동을 규명하는 제한된 개념을 몇 개 발견하는 것인가? 일반화된 광의의 목적은 우리 손에서 벗어났으니 이 개념은 협의의 목적을 발견하게 해줄 것이다. 여기서 말하는 목적은 사이버네틱스적 의미, 즉 '행동을 효과적으로 만들려는 목적'이라는 관점에서 접근하는 것이다. 생명 과정은 있는 그대로, 즉 프로그래밍된 그대로 존재하며, 문제는 누가 프로그래밍 했는지 어떻게 프로그래밍 됐는지가 아니라 관찰자에게 강요된 이 프로그램이 어떤 행동으로 이어지느냐는 것이다.

이 질문을 여러 방향에서 해석해도 생명체의 목적은 자신을 둘러싼 환경보다 조금 복잡한 자신의 구조를 유지하는 것일 뿐이라는 견해에 항상 도달한다. 다른 직접적인 목적이 있었다면 생명체는 절대로 존재하지 않았을 것이다. 생명체는 전적으로 엔트로피의 영향을 받기 때문이다. 생물권에 속한 생명체는 태양의 엔트로피를 이용해 존재를 유지하기 때문에 카르노-클라우지우스 원리의 지배를 받지만, 다시 말해 열역학제이법칙*에 반하지 않지만, 정보 영역에서 생명체의 전체적인 진화와 존재는 아무리 일시적이라도 동질화 과정과 열역학적 평형화의 지연이자 정체를 의미한다.

.....
*   열역학제일법칙이 과정 전후 에너지를 양적(量的)으로 규제하는 데 비해, 열역학제이법칙은 에너지가 흐르는 방향을 규제하는 성격을 띤다.

그런데 초기 단세포생물 때부터 개체는 세포 집단으로 결합해 다시 다세포생물로 발달하는 방식으로 진화했고, 다세포생물이 점차 고등화하면서 인간이 등장하기에 이르렀다. 세포의 집단화가 시작되면서 기능이 전문화됐다. 그러나 다세포 유기체 내에서 동일한 기능을 수행하는 개별 세포나 세포 집단의 목적은 언제나 그렇게 만들어진 유기체의 구조를 유지하는 것이었다. 전문화된 기능은 유기체의 생존이라는 요구에 순응했다. 이는 세포 내 조직 차원에서 세포 간 조직으로, 나아가 기관 간 조직으로, 마침내 유기체 전체 구조로 확대됐다.

태초 이래 한 번도 변한 적 없는 조직 법칙이 인류가 도달한 단계에서도 계속된다면 우리는 인간 개체를 통합하는 새로운 차원의 조직, 즉 전 지구적 차원의 유기체가 출현하는 것을 보게 될지도 모른다. 그렇다면 현재 지구상에 존재하는 모든 동물 종도 전 지구적 차원의 거대 유기체로 통합된다는 점에서 이 같은 견해는 다분히 유토피아적이다. 인간 이외 동물 종의 어떤 개체도 종의 존재와 소속에 대한 의식이 없다. 게다가 이들은 물질에 정보를 더할 줄 모른다. 하지만 수세기에 걸쳐 무기물에 정보를 부여하고 상품을 만들어온 인류가 어느 날 생물에도 정보를 부여하리라 기대하는 것은 당연한 일인지 모른다. 인류가 생물에 정보를 부여하는 것은 최근의 유전자조작 실험으로 그 가능성이 확인된 유전자 코드를 조작하는 것뿐만 아니라 새로운 차원의 조직, 즉 인간 종의 조직에 도달할 수 있을 것이다. 그렇더라도 우리는 아직 통사법의 문제를 건드릴 뿐, 의미론적 문제에는 접근하지 못한 셈이다. 인간이 하는 일은 비록 자신의 의식 수준이 특별하다 해도 생명 과정을 조직하는 보편 법칙에 복종하는 것뿐이다. 인간은 의식이 있고 인류가 전 세계적으로 분포한다는 사실을 아는 유일한 존재이기 때문에, 꿀벌 사회에서는 절대 일어날 일이 없는, 인간만이 가지는 필연성의 압력에 복종하는 것뿐이다.

앞서 인간은 자신을 만든 타인을 벗어나서 존재할 수 없다고 말했듯이, 삶의 의미는 사회적 맥락에서 떨어진 개인의 것이 될 수 없다. 그러나 사회적 맥락은 지배적 위계 구조, 물질과 자원을 공급받는 영역, 그러니까 지배적 위계 구조가 구축된 생태적 환경을 지키려는 하위 집단에 국한된다. 매일 기술정보를 늘려가는 일부 집단은 다른 생태적 환경에서 자신에게 없는 물질과 자원을 구해 각각에 담긴 정보를 활용했기 때문이다. 이 과정에서 제국주의가 탄생했고, 전쟁과 대량학살도 점점 늘어났다. 이런 행동은 사회집단이 필연성의 압력에 굴복해서라고 말할 수도 있지만, 필연성의 압력이란 가장 강한 자가 승리하고 가장 잘 적응한 자가 살아남는 인간

이전 종의 생존 방식이다. 그렇다고 한 시대에 가장 잘 적응한 자가 반드시 다음 시대에도 가장 잘 적응하는 자는 아니다. 중생대를 지배하던 공룡이 우리 곁에 없는 이유다. 앞에서 언급한 사회집단은 지배하면서 환경을 변화시켰다. 그러나 지금은 환경을 파괴하고 있으며 자신들을 비롯한 모든 종이 멸종될 위기에 처했다. 인간을 포함해 지금까지 종의 진화를 지배해온 필연성의 압력에 굴복했다는 사실을 인식한다고 해서 우리가 이 결정론을 통제하고 오랜 충동이 우리를 이끌고 갈 미래를 예상해 그 충동을 관리할 만큼 의식이 충분히 깨어 있을까?

한 인간이 지닌 삶의 의미는 인류 전체가 지닌 삶의 의미와 같이 생각해야 과학의 영역에서 이해될 수 있다. 한 인간이 지닌 삶의 의미를 공간적·경제적·언어적·문화적 영토를 차지하려고 약탈과 공격을 일삼는 하위 집단의 생존으로 한정 지을 수 없다. 지구는 지구에 사는 모든 생명의 것이다. 지구는 둥글고, 태양계에서 주어진 자리가 지구의 한계다. 지구에는 경계도, 사유재산도, 장벽도, 철책도 없다. 지구에 있는 물질과 자원은 지금까지 그것을 사용하는 데 필요한 기술정보를 생산할 수 있는 사람의 것이었다. 기술정보를 가진 사람은 이 정보를 이용해 다른 사람들을 예속시키기 위한 고성능 무기를 개발했다. 육지와 바다, 하늘을 마구잡이로 개발하고, 이때 발생한 쓰레기는 다른 이들에게 떠넘겨졌다.

하지만 우리가 신경 구조와 그것이 작동하는 메커니즘을 알지 못한다면, 즉 타인은 언제나 개인의 만족을 방해하고 자신의 만족을 위해 지배력을 행사하려고 노력한 자라는 것을 모르는 상태에서 어떻게 인류의 전 세계적 조직을 이룰 수 있겠는가. 지배는 항상 선의나 온정적인 언어로 위장한다. 개인과 종 사이에는 인간이 출현하기 전의 진화 단계에서도 불완전한 형태의 사회집단이 늘 존재했으며, 이들은 자신이 태어난 생태적 환경을 지배하려고 지속적으로 노력했다. 그러나 필연성의 압력으로 그들 사이에 일정한 균형과 협력이 이뤄졌으며, 그 결과가 지금 우리가 보는 불안정한 생태적 균형이다. 인간의 지배욕은 다른 종을 넘어 같은 종까지 확장됐으며, 인간은 같은 종을 살해해 이득을 취하는 유일한 종이 됐다. 개인에게 삶의 의미가 실제로 생존하고 자신의 구조를 유지하는 것이면, 그럼으로써 종의 생존에 확실히 이바지한다면 이 목적은 이어질 수 있다. 하지만 이 목적은 어떤 집단이 됐든, 그 집단에 속한 개인이 명백하게 공통된 이익으로 결합했다 해도, 제한된 사회집단의 생존과 시너지를 낼 수 없다. 이는 종종 반인종주의로 위장한 인종주의로 이어지며, 타인의 자격지심을 이용하기에 더욱 위험하다. 사회집단에 속하게 해 안정감을 주는 한편 본능을 제어하면서 개인을 움직이게 하는 모든 사상과 이념, 개념, 감정, 문화적 자동성은 선사시대의 유물이다. 그리고 개인을 선동해 동종 간 살상을 저지르게 하는 것은 대개 역사라는 대의명분과 구시대의 편협한 문화다.

우리는 삶의 의미에 대해서 통사법적 이해를 시도했을 뿐 의미론적으로 이해하지 못했고, 아마 앞으로도 이해하지 못할 것이다. 반면 우리가 기표의 의미를 안 뒤에도, 진화와 최근의 행동 생물학을 통해 엿보게 된 통사 구조를 안 뒤에도 문법적 오류를 범하는 것은 용납되지 않는다. 우리는 이 메시지의 출처와 수신처가 어디인지, 의미하는 바는 무엇인지 전혀 알 수 없다. 그러나 우리는 적어도 이 메시지가 전송되는 동안 잡음은 더하지 말아야 한다. 우리는 전기통신 기사의 자리에 설 것이다. 각자 그곳에서 내켜서든, 안도하고 싶어서든 우주적인 목적을 위해 신호를 발송하는 의식을 발견할 수 있을 것이다.

그러나 지금까지 대중을 사랑, 책임, 자유, 박애, 희망 같은 대의를 위해서라며 언제나 살해와 지배라는 이상으로 이끈 모든 공허한 말을 그만두길 바란다. 증오, 무책임, 노예제, 절망을 찬양하면서 평화와 관용에 도달할 순 없지 않겠는가. 나는 자신의 양심을 속이고 운명을 비켜 가고 두 눈을 가리고 결국 아무것도 하지 않기 위해서 내뱉는 말이 두렵다. 산

타클로스와 말의 힘을 믿게 하려는 생각 없는 인문주의자들과 이제 단절하자. 그들이 그런 말을 하는 데는 큰 비용이 들지 않는다. 인간에게 삶의 의미는 생물의 세계에 대한 지식에 다가서는 것뿐이다. 그래야 무생물적 지식으로 번듯하게 포장한 담론이 결국 개인과 사회집단의 지배욕을 표출할 뿐임을 깨달을 수 있기 때문이다.

정치

La politique

정치
La politique

                        정치는 인간의 활동에서 가장 정교한 형태여야 한다. 자신들을 하나의 종으로 인식하는 유일한 종인 인간은 여전히 전 세계를 조직하는 방식을 찾고 있다. 정치의 궁극적인 목표는 개인 간의 관계를 고안해서 적대감 없이 더 큰 인간 집합체로 통합될 수 있는 인간 집단을 형성해 마침내 조화롭게 기능하는 전 지구적 유기체를 만들고, 개인이 자신의 짧은 생애에 자신은 물론 종의 생존을 보장하는 방식으로 움직일 수 있게 하는 것이다. 정치란 무엇보다 사회구조를 조직하는 기술이다.

그러나 각 사회집단은 특정한 지리적·기후적 환경 속에 살아간다. 한 사회집단은 그 집단을 구성하는 개인의 구조를 유지하는 데 필요한 물질과 에너지를 찾고, 앞서 살펴봤듯이 개인 간의 관계를 지배하는 사회구조를 유지하는 데 필요한 물질과 에너지를 구할 수 있는 생태적 환경에서 살아간다. 이것이 사회관계의 열역학적, 돌려 말하면 경제적 측면이다. 앞에서 살펴본 개념이 다시 등장한다. 유기체는 자신의 구조를 유지하기 위해 자신을 둘러싼 환경에서 필요한 물질과 에너지를 취한다. 동물계에 속한 유기체는 환경에서 얻은 일부 에너지를 노동과 열로 변환해 다시 환경에 작용함으로써 먹이를 구하고, 도피하거나 투쟁하면서 자신의 구조를 보존한다. 인간은 연상 메커니즘과 상상의 과정이 실제 행동으로 현실화한 덕분에 생존과 구조 유지에 유리하게 물질과 에너지를 변환하는 정보를 추가할 수 있다.

개인 간의 관계와 사회구조가 형성되는 순간, 노동의 일부는 사회구조를 유지하는 데 투입되고, 개인적 구조 유지에는 간접적으로 유효한 이 노동이 잉여가치와 비슷하다는 점을 앞에서 살펴봤다. 개인에게서 착취한 노동은 당사자에게 간접적으로 돌아갈 뿐이지만, 고립된 개인은 존재할 수 없고 개인은 필연적으로 사회의 일부이기에, 이 사회구조는 개인에게서만 에너지를 구할 수 있기에 잉여가치가 모든 사회의 근간임은 분명하다.

문제는 이 잉여가치가 어떤 사회구조를 가능하게 할지, 개인 간에 어떤 관계를 맺고 유지하게 할지 자문할 때 시작된다. 우리는 경제적 문제가 사회적 문제와 얼마나 밀접하게 연관됐는지 알고 있다. 그런데 사회적 문제는 지금까지 전혀 염두에 두지 않던 행동 생물학의 지배를 받는 개인 간, 집단 간의 관계로 귀결된다. 우리 신경계는 특정 공간에서 행동할 수 있도록 프로그래밍 됐다. 이 행동 덕분에 유기체 구조를 보존할 수 있으며, 이 공간에서 학습을 통해 알게 된 유기체 구조를 유지하도록 만들고 쾌락을 주는 충족 대상인 사물과 존재를 자기가 자유롭게 이용할 수 있도록 노력한다. 이 대상을 획득하고 '소유'하기 위해 다른 사람과 경쟁하고, 그 와중에 불가피하게 서열이 등장한다. 인간세계에서 이 위계는 기계를 만들고 상품을 대량생산 하는 데 필요한 추상적 기술 정보를 다루는 이들에게 유리하다. 이런 개념은 사회경제적 격차와 국가 내 그리고 국가 간 지배 관계의 원인으로 한 번도 지목된 적이 없다. 이런 개념은 앞에 언급한 책[12]에서 훨씬 자세히 설명했다.

가진 자가 갖지 못한 자를 지배하고 속박하는 생산과 교환 수단의 사적 소유를 폐지하는 일은 분명 사회경제적 관계의 전환에 불가결한 요소다. 그러나 개인이 사회가 조직되는 생물학적 법칙에 대한 기술적·전문적 정보는커녕 일반적인 정보도 갖지 못한 상태에서 잉여가치가 소수 행정 관료와 기술 관료의 결정에 따라 사용되고, 이 과정에서 그들이 지배력을 표출하고 자기애를 충족한다면 진보는 불투명할 것이다. 사회적 불만은 경제적 격차보다 계층적 소외에서 싹트는 게 분명하다. 자본주의국가에서 경제적 격차는 대개 위계에 따라 좌우된다. 경제적 격차가 덜 두드러지나 여전한 사회주의국가에서도 위계 격차가 남아 있어, 서로 '동지'라고 부르는 것만으로는 지배자와 피지배자, 지도층과 피지도층, 당 지도부와 평당원의 경계를 지우기에 충분하지 않다.

오늘날 정치를 이야기하는 것은 무의식적인 정서, 즉 충동과 문화적 자동성과 지배적 위계 구조에서 만족하거나 불만족한 자기애에서 오는 정서를 주요 정당에서 빌려온 논리적 담론으로 은폐하는 행동이다. 보수주의자는 자신의 사회적 지위에 만족하고 혁명가는 만족하지 못한다. 이 둘은 모두 보편적이고 숭고한 원칙을 내세우며 자기 의견만 자신이 속한 인간 집합체에 유리하다고 여기는 것 같다. 대개 그 인간 집합체는 인류 전체를 의미하는 것이 아니다. 둘 다 철저하게 공정하고 완벽하게 논리적이며, 사회경제적 현상에 대해 그들 자신이 아니라 지구 전체를 위해서 가장 적절한 분석을 바탕으로 보편타당하고 완벽하게 논리적인 근거를 수집한다. 그들 중 아무도 자신의 사회적 지위나 이익, 사회에서 자신의 계층적 위치를 옹호한다고 말하지 않으며, 심지어 그들이 그런 것을 의식이라도 하는지 궁금하다. 일반적으로 계급의식은 의식 현상이 아니라 무수한 무의식적인 요소의 표현

정치
La politique

인 정서적 현상이다. 정치적 견해를 뒷받침하기 위해 내세운 근거 중에는 사회경제적 현상을 정확히 관찰해 도출한 것도 있어서 그 근거를 비판하기 어렵다. 게다가 현상을 비판하고 싶다는 말은 비논리적이다. 하지만 이런 현상에 대한 논리적 해석과 그 해석을 바탕으로 나온 정치적 행동이 의식적이고 공정한 것이라는 주장은 비판할 수 있다. 늘 그랬듯이 담론의 내용보다 그 담론을 이끄는 동기가 중요하다. 담론의 기저에서 말을 하게 만드는 동기는 말로 표현된 내용만큼이나 현상을 관찰한 내용을 해석하는 데 중요하다. 사회경제적 현상은 우리가 사회적 상황에 놓인 인간의 행동을 바라보는 보편적인 틀로만 해독할 수 있다. 사회경제적 현상에서 인간의 고유한 행동을 제거하면 껍데기뿐인 이념과 수 세기에 걸친 지배 체계를 재생산하는 것이다.

우리가 사회계층과 계급투쟁의 비호 아래 자기 생각을 표현하고 이윤, 인간에 의한 인간의 착취, 돈의 힘, 기성 권력에 맞서는 것처럼 행동하기 때문에 부르주아적 개인주의를 떨쳐버렸다고 믿는다면, 이 믿음은 무엇이 인간의 행동, 특히 인간 고유의 판단과 행동에 동기를 부여하고 영향을 미치고 판단과 행동을 유도하는지 전혀 알지 못한다는 방증이다. 그렇다고 이런 식으로 자신을 표현하고 이렇게 행동해선 안 된다는 말이 아니다. 하지만 이타적이고 너그러운 담론 이면에는 충동적 동기, 충족되지 않은 지배욕, 문화적 학습, 금기를 지키고 받는 보상에 대한 복종, 우리에게 만족을 주는 행동이 사회질서에서 소외되는 것에 대한 미약한 저항, 자기애적 만족 추구 등이 감춰져 있다는 점을 알아두면 유용하다는 말이다. 따라서 이익공동체인 한 인간 집단이 어느 날 종전 권력을 전복한다고 해도 곧 새로운 권력 내부에서 지배력을 손에 넣기 위한 경쟁적 투쟁이 발생하고, 새로운 위계가 등장해 제도화될 것이다. 일련의 과정이 다시 시작되는 것이다.

이는 민주주의라는 정치제도가 얼마나 기만적일 수 있는지 보여준다. 개인의 '정치적' 견해는 대체로 위계 사다리에서 자신이 도달한 계급에 따라 자신에 대해 형성한 이미지와 비교해서 만족이나 불만족을 표현하는 것에 지나지 않는다. '다수'의 견해는 사회경제적 문제에 대한 광범위한 지식과 분석의 결과가 아니라 수많은 개인과 집단의 정서적 요인이 통합된 결과며, 늘 사후에 타당성을 인정받기 위해 논리적 담론을 찾아낸다.

일반적으로 경제적 원인에 따른 만족이나 불만족은 가급적 많은 사람의 구매력을 키워 만족스러운 물건을 더 많이 살 수 있는 방식으로 해결된다. 그러려면 더 많이 생산해야 하고, 이는 실업률을 낮추는 효과적인 방법처럼 보인다. 다른 한편으로 자본주의사회에서는 지배적 계층이 유지되고,

이 계층에 도달한 수준에 따라 개인에게 할당된 소비재의 양이 부분적으로 결정되기 때문에 생활수준이 전반적으로 향상해도 경제적 격차는 여전하다. 반면에 자본주의사회에서 경제적 격차는 개인 간 차이를 유지하는 기본 요소라서 기본적 욕구 충족은 인간이 노동하는 목적이 아니라 획득적 욕구 충족이 목적이 되며, 이 목적은 수익을 통해 달성되므로 전반적 생활수준을 향상하면서 차이를 유지할 수 있다. 그 결과 새로운 이윤을 창출하고 경제적 지배 체계를 유지하기 위해 새로운 욕구를 부추기는 광고가 무절제하게 쏟아졌다. 이렇게 경제적으로 확장하는 세상은 원자재, 에너지, 기술정보(특허 정보와 인간의 학습 정보)를 사용해 상품을 생산한다. 고도로 산업화한 국가는 자신의 생태적 환경에서 기술정보를 사용하고 획득적 욕구를 충족할 만큼 물질과 에너지를 구할 수 없게 되자, 경제적인 확장을 지속하기 위해 외부로 물질과 에너지를 찾아 나섰다. 이것이 제국주의와 새로운 규모의 국제적 지배 체계가 등장한 근본 원인이다. 기술정보를 가장 많이 보유한 국가는 무기와 국제적 자본으로 무장하고, 넘쳐나는 돈과 높은 생활수준, 물질적 성취를 내세워 다른 나라가 자신의 사회경제적 구조를 모방하도록 부추겨 자신의 지배 체계에 편입시켰다.

경기가 지속적으로 성장하는 가운데 정부가 국민 복지라

는 목적을 달성해야 한다며 국민을 인플레이션과 실업 사이에서 끊임없이 줄타기하게 만드는 사실은 흥미롭다. 그런데 이윤을 활용해 지배 체계를 유지한다는 것은 광고로 불필요한 제품의 무분별한 소비를 부추겨 제품 생산에 지구의 물질과 에너지 자산을 낭비한다는 의미다. 이 과정에서 기술정보나 다양한 학식 전파 수단을 소유하지 못한 이들의 운명은 고려되지 않는다. 그 결과 전 세계를 지배해야 실현할 수 있는 경제적 생존이 유일한 규칙인 다국적 경제 괴물이 탄생한다. 이 괴물 같은 생산자의 궁극적인 목표는 순수한 경제적 지배 욕망에 부합하지 않는 모든 권력을 사라지게 하는 것이다.

기술정보를 소유한 나라는 자국에서 충분한 물질과 에너지를 구할 수 없거나, 기술정보가 부족해 자국의 물질과 에너지를 이용하지 못하는 다른 나라에서 그것을 빼앗듯 헐값에 살 수 없게 되더라도 기술 지식을 수출할 가능성이 남아 있다. 물질과 에너지를 소비재로 가공하려면 기술 지식이 필요하고, 이 기술 지식은 제품과 함께 판매되기도 한다. 새로운 제작 기술을 무상으로 손에 넣기 위한 경제 스파이 활동이 확대되는 이유다.

'정치'에 대해 다루기로 한 이 장에서 정치 경제의 '개요'를 지나치게 간결하게 적어야 해서 안타깝다. 이 개요로 부족하지만, 기업과 조합, 도시와 지방, 국가와 국가연합 등 하위 집단부터 인간 사회의 전 세계 모든 조직까지, 예나 지금이나 지배력 추구, 즉 개인 간 지배력 추구가 파악할 수 있는 모든 조직 층위에서 인간 집단 간 지배력 추구로 이어진다는 걸 보여주고 싶었다. 우리가 수익을 통해 지배력을 얻는다면 그런 사회구조의 목적은 경제적인 것이 되고, 수익은 지배 체계를 유지할 수 있는 거의 유일한 수단이 된다는 걸 보여주려고 노력했다.

이 지점에서 다국적기업에 대한 찬반 논쟁이 치열하게 벌어질 수 있다. 실제로 다국적기업의 경영자는 보통 기업의 문어발식 확장을 통해 명예욕과 권력욕을 표현하고자 하는 기술 관료다. 그들은 문화적 배경은 달라도 동일한 충동에 따라 움직이고, 그들 못지않게 논리적 담론에 설득력 있는 근거를 갖춘 정부 수반이나 노동조합 지도자와 부딪친다. 기업의 상업적 능력을 확장하는 데 필수인 혁신적 기술을 보유한 이른바 지식인은 자신의 역할이 경영자에게 제대로 평가받지 못한다고 생각하고 자신이 속한 체제를 신랄하게 비판하지만, 대개 상당한 경제적·위계적 특혜를 앗아 갈지도 모르는 파업까지는 시도하지 않거나 지속적인 승진에 충분히 만족하고 체제의 충실한 수호자가 된다.

경제적인 관점에서 원자재와 에너지, 기술정보의 사적·국가적 소유가 사라지지 않는 한, 이 세 가지 요소에 대한 전 세계적 관리가 조직화되고 확립되지 않는 한 국제적 격차는 여전할 것이며 영속될 수밖에 없다. 그러나 사적·국가적 소유가 폐지된다고 해도 문제는 남을 것이다. 전 세계적 '민주주의'를 가장해 필연적으로 제도화될 전 세계적 지배의 위계를 무너뜨려야 하니 말이다.

이렇게 총체적 관점을 버리고 개인의 문제를 살펴보면, 즉 개별적인 것에서 보편적인 것으로 역방향에서 살펴보면, 진화 단계에서 고립된 인간은 이제 존재할 수 없으므로 개인의 사회적 지위가 근본적으로 변하려면 종으로 구성된 가장 큰 집단을 포함한 모든 사회적 집단이 함께 변해야 한다는 점을 알 수 있다.

1917년 사회주의혁명이 성공한 것은 고립의 가능성, 즉 방대한 생태적 환경 덕분에 완벽한 자급자족 체제가 가능했기 때문이다. 철의장막은 선택이 아니라 필요에 따른 불가피한 선택이었다. 칠레나 포르투갈의 경우를 봐도 쿠바처럼 그 구조를 보호할 수 있는 포괄적 체계에 속하지 못할 때 사회주의혁명이 살아남기가 얼마나 어려운지 알 수 있다. 게다가 현대 사회주의혁명의 경험은 사회주의국가의 부인할 수 없는 진전을 고려하더라도 우리가 주저 없이 사회주의 체제를 지지할 수 있을 만큼 사회적 행동의 여러 분야에서 충분히 설득력 있는 사례를 제공하지 못한다.

우리는 이전 체계의 실패를 바탕으로 지배 체계의 폐해를 제한할 수 있는 새로운 개인 간의 관계 체계를 고안해야 한다. 사회주의혁명은 지배 체계의 구축 수단으로서 수익 추구를 눈에 띄게 축소하거나 제거했다. 그러나 일반적으로 편협한 이념에 순응하는 태도와 연관된 명예와 권력 장악은 지배 체계를 구축하기에도 효과적인 수단이었다. 지배력을 행사하는 수단은 바뀌었으나 지배는 지속된다. 대다수는 전처럼 자기 운명의 주인이 아니다. 당시 지배자의 계획에 부합하지 않으면 개인적인 계획을 추구하는 것도 더는 용납되지 않는다. 전 세계적 차원에서 노동자가 주체가 된 '노동자 자주 관리'라는 방식을 운영한다면 하나의 해결책이 될 수 있을 것이다. 다른 책[13]에서 왜 전체 인구가 기술정보가 아니라 보편적 정보라 불리는 지식을 습득해야 사회경제적 구조가 효율적인지 설명했다. 그런 정보만이 특정 사회구조를 달성하는 수단은 물론 무엇보다 이 사회구조가 욕망하는 목적을 정의하고, 이 목적이 전 세계적으로 수용되도록 보장할 수 있다. 그렇지 않으면 인간 사회의 모든 조직 층위에서 우위를 차지하기 위한 경쟁에 빠질 위험이 있다. 오늘날 인류는 문명의 선택에 직면했다고 해도 과언이 아니다. 여기서 선택을 언급하는 게 의아할 수도 있을 것이다. 사실 선택의 문제가 아니다. 그보다 지식에 대한 접근성, 무엇이 우리의 오랜 행동을 이끌었는지에 대한 광범위한 인식, 그 행동을 지배하는 메커니즘에 대한 뒤늦은 이해를 고려할 때, 인류가 생존하기 위해 따를 수밖에 없는 필연성의 압력에 가깝다. 인류의 생존을 위해 좋거나 올바른 생각인지, 심지어 생존이 가능한지도 알 수 없다. 그러나 인류가 살아남으려면 인간 행동의 본질적인 변화가 필요하다는 점은 분명해 보인다. 이 변화는 모든 인간이 사고하고 판단하고 행동하게 만드는 메커니즘을 인식할 때 가능하다.

소수만 정보를 소유한다면 그들은 항상 정보를 소유하지 못한 이들을 지배하고자 하는 욕망에 맞닥뜨릴 것이다. 그들이 인간으로서 짧은 생애에 개인적 안녕과 평온함을 구하기 위해서는 위계 경쟁과 지배 관계에서 벗어나 도피하는 수밖에 없다. 그렇지 않으면 그들은 자기 의지와 무관하게 위계 경쟁과 지배 관계 때문에 전 세계적으로 끊임없이 발생하는 동족상잔에 휘말리고 말 것이다.

논리적 담론과 행동을 유도하는 이념에는 가치의 위계가 존재한다. 그러나 궁극적으로 우리에게 이 위계를 세울 수 있는 기준은 과부와 고아를 보호하는 것뿐이다. 돈키호테가 옳았다. 그처럼 약자를 보호하는 입장만 옹호할 수 있다. 힘으로 강제하는 모든 권위에는 맞서 싸워야 한다. 그러나 힘

정치
La politique

과 폭력은 언제나 우리가 생각하는 곳에 있는 것은 아니다. (마리화나의 작용 때문이 아니라 역사의 먼지 나는 땅에 검을 끌며 우쭐대는 매스미디어와 문화적 자동성에 세뇌돼 정신이 혼미해진) 다수의 뜻을 내세우는 제도화된 폭력, (자신들의 신전과 훈장, 관행을 내세우며 그리스도를 십자가에 매단) 정의와 보수적인 신념을 가진 자들의 폭력, 무지하거나 부당함을 인식하지 못하는 폭력은 근본적으로 인류의 진화에 반한다. 이 폭력은 맞서 싸워야 하지만 용서해야 할 대상이기도 하다. 자신이 무슨 짓을 했는지 모르기 때문이다. 별다른 의식 없이 행동하는 사람들이 때로 참기 어려운 주장을 해도 그들을 책망할 순 없지 않은가. 무조건 약자 편을 드는 것은 사실 아무것도 후회하지 않기 위한 규칙이다. 하지만 가장 약한 자가 누구인지 판단하는 데 실수가 없어야 한다. 그 판단에 계층이라는 개념이 언제나 충분하진 않다. 이때도 담론의 논리는 힘의 균형을 숨길 수 있다. 나는 승리한 다수 편을 피해야 한다기보다 우연히 다수가 돼서 승리한 소수가 있다면 다른 것을 찾아야 한다고 말하고 싶다. 낡지도 새롭지도 않은, 그저 다른 무엇인가가 새로운 소수를 만들어내는 것이다. 이 모든 것은 자신을 만족시킬 수 없을 때, 달리 말해 당신이 **뼛속까지 마조히스트**일 때 가치가 있다. 그렇지 않으면 도피하는 편이 바람직하다. 상상계로 떠나는 데는 여권도 필요 없다.

　인간이 지배 관계를 구축하거나 지배권을 유지하기 위해 서로 살해한다는 사실을 이해하면 인류에게 가장 두려운 질병은 우리가 흔히 생각하는 암이나 심혈관 질환이 아니라 모든 종류의 위계 성향이라는 결론에 도달한다. 어느 신체 기관도 다른 기관에 지배권을 확립하라고 명령하거나 우월해지려고 하지 않기에 유기체 내에서는 전쟁이 일어나지 않는다. 모든 기관은 전체 유기체가 생존하는 방식으로 기능한다. 인류라는 거대한 유기체에서 그 유기체를 구성하는 각 인간 집단은 언제쯤 다른 집단에 지배력을 행사하지 않고 전체의 생존이라는 한 가지 목표를 설정할 수 있을까? 어느 인간 집단도 단독으로 인류를 대표할 수 없고, 그 집단만이 진리일 수도 없다.

　내 생각에 마르크스주의의 결함은 생산관계에 초점을 맞추고 그것을 인간관계의 근원으로 여긴 데서 비롯됐다. 마르크스는 열역학적 원리에 따르는 생산 주체로서 인간에게 주목했는데, 사회구조가 한 가지 정보를 재료로 만든 '형태'라면 생산관계는 이 일차적 정보에서 파생한 결과물로 본 것이다. 다시 생물학적으로 비교하면 생물학자가 오랫동안 그랬듯이 신진대사에 관심을 쏟고, 세포핵 내 유전자 구조에 기원을 둔, 신진대사를 가능하게 하는 구조를 무시한 것과 같

정치
La politique

다. 이미 지적했듯이 결합할 물질과 에너지 요소가 없다면 구조도 있을 수 없고, 대체로 이 구조를 다른 구조와 헷갈린다는 점이 문제다. 그런데 정치에서는 타인의 계획보다 자신의 계획을 우선 실행하기 위해 필요한 권력과 지배력을 추구하는 인간 신경계의 구조가 생산관계의 기반이 된다. 생산관계는 무시할 수 없지만 유일하지도 않은 기능적 표현 수단일 뿐이다. 인간관계에서 생산관계가 중요한 자리를 차지한다는 것은 생산적 인간과 문화적 인간이라는 이분법으로 돌아가는 일이다. 개인이 자신의 사회관계를 조직하는 힘을 정당, 선구적 지도자, 정보 소유자, 가장 흔하게는 종전 구조의 보수적 순응주의자에게 양도하도록 강요하는 것이기도 하다. 결과적으로 인간을 열역학적인 측면으로 한정하고, 인간에 의한 인간의 착취는 오로지 생산수단, 노동자가 생산했으나 빼앗긴 부를 통해서만 이뤄진다고 믿는 일이다. 그러나 현대 사회주의국가라도 개인이 빼앗기는 것은 그가 생산할 수 있는 진정한 부富인 지식이다. 과학적 혹은 '문화적' 지식뿐만 아니라 새로운 사회적 관계를 고안하고, 자신에게 부과된 것과 다른 형태로 그 관계를 조직할 수 있게 만드는 자신과 타인에 대한 지식이다. 살아 있는 구조가 흡수하고 방출하는 에너지의 양과 잉여가치 배분 방식에 앞서 이 살아 있는 구조의 형태와 기능과 역할을 알아둬야 한다. 이 정보에 대한 지식을 습득하는 것이 기본이고, 이는 전체 중 일부라는 인식이며, 개별 행동을 통해 전체의 목적성에 참여하는 일이자 개인이 세상의 궤적에 영향을 미칠 가능성이다. 마르크스도 자신의 학설을 받아들인 노동자가 제공한 모든 노동보다 이 궤적에 많은 영향을 미쳤다. 그는 분명 인간의 노동을 다르게 이해하고 조직할 수 있는 새로운 정보를 제공했기 때문이다. 심지어 인간관계가 단지 생산관계에 그치지 않는다는 점, 아니 적어도 정보를 노동과 혼동해선 안 된다는 사실을 보여주는 사례로도 마르크스를 언급할 수 있을지 모른다.

Le passé, le présent et l'avenir

과거, 현재, 미래

시간의 문제는 물리학자가 아니라면 다룰 수 없다. 친구 조엘 드 로스네는 내가 만든 잡지 《아그레솔로지Agressologie》와 그의 최신 저서[14]에서 시간의 문제를 다뤘다. 솔직히 난 그가 내세운 근거는 익숙하지만, 논증 전체를 완벽하게 이해하지 못했다. 시간은 다루기 어려운 주제다. 개념적 오류가 발생하기 쉽고, 내가 잘 알고 평소에 다루는 분야에서 벗어나는 것도 꺼려진다. 그럼에도 내가 이 지뢰밭에 들어서는 이유는 답하기보다 질문을 던지기 위해서다.

우리가 자신의 의식 수준이 허용한 범위에서 시간을 인식한다는 점은 이해하기 쉽다. 앞에서 삶의 기의에는 접근하지 못해도 기표에는 접근할 수 있다고 했다. 예를 들어 우주가 스스로 존재한다는 의식을 한다고 공상 과학적인 가정을 해보자. 여기에서 유일한 기준이 되는 것은 우리가 자신의 존재에 대해 갖는 의식과 유사성밖에 없다. 이 우주의 의식은 공간개념과 연관이 있으므로 시간개념이 우리와 같지 않으리라는 점은 이해할 수 있다. 아인슈타인이 등장한 이래, 우리는 시공간에 관해서만 이야기할 수 있다. 더는 절대적인 공간과 보편적인 시간을 상정할 수 없다. 공간의 속성은 공간을 이동하는 속도에 따라 달라진다. 앞서 출간한 《La nouvelle grille새로운 틀》 에필로그에서 우주의 의식에 대해 임의의 가설을 제시했다. 나는 이 책에서 우주의 의식에 시간과 공간은 존재하지 않는다고 이야기했다. 우주의 의식이 그 자체로 시간과 공간이고, 일정한 공간을 돌아보기 위해 일정한 시간 동안 이동할 필요가 없으며, 그 자체로 존재하기 때문이다.

우주의 의식에 대한 임의의 가설을 언급한 이유는 은하계에서 태양계까지, 행성에서 원자까지 단위 조직별로 이 가설에 포함되는 모든 전체는 다른 전체와 관계를 맺기 때문에 이 전체 내에서 독자적인 시간을 가지며, 이런 관계는 분리하는 공간을 담아내기 위한 시간을 갖는다는 점을 지적하기 위해서다.

따라서 시간이라는 개념은 전적으로 상대적이고, 해당 단위 조직의 물리적 특성에 따라 달라진다. 그러니까 우리에게는 개별적 인간의 시간, 세포의 시간, 분자의 시간, 전자電子의 시간이 있을 것이다. 마찬가지로 사회적 시간과 공간의 시간은 개인의 시간과 동일한 속도로 흐르지 않을 것이다. 개인의 시간에서도 유년기의 시간은 노년기의 시간보다 훨씬 느리다. 모든 인간이 그런 경험을 한다.

이 대목까지는 로스네의 관점에서 크게 벗어나지 않은 것 같다. 그런데 그가 코스타 드 보르가르*의 연구를 언급할 때부터, 그 접근 방식은 매혹적이지만 수학적·물리학적 소양이 부족해서인지 따라가기가 한층 어려웠다. 코스타는 일부 전문가들이 받아들이듯 부정적 엔트로피(네겐트로피)*와 정보 간 등가성을 인정하는 데서 시작한다. 나는 이 등가성이 성립하지 않는다고 생각한다. 네겐트로피를 언급할 때 언제나 등장하는 생명 과정은 태양의 엔트로피가 증가해야 실현이 가능한 형태고, 나는 정보가 존재하기 위해 질량과 에너지가 필요하지만, 정보는 정보일 뿐 질량이나 에너지는 아니라고 강조하는 노버트 위너의 의견에 동조하는 편이다. 기의

....
*   Olivier Costa de Beauregard(1911~2007년). 양자물리학과 상대성이론을 연구한 프랑스의 물리학자이자 철학자.
*   엔트로피는 유기체의 필연적인 해체·소멸·무질서 현상을 뜻한다. 네겐트로피(negentropy)는 negative entropy의 준말로 조직이 해체·소멸하는 것을 방지하는 현상을, 긍정적 엔트로피는 조직이 해체·소멸하는 것을 도와주는 현상을 의미한다.

는 기표 없이 존재할 수 없다. 정보가 네겐트로피와 등가라는 것은 정보를 긍정적 엔트로피에서 얻는다는 뜻이며, 무질서에서 질서를 세울 수 있다는 개념과 통한다. 닫힌계에서 엔트로피, 즉 무질서가 증가하면 원자와 분자가 만날 확률이 커져 결국 질서가 나타날 가능성이 높아진다. 다시 말해 엔트로피가 증가하면 정보도 빠르게 증가한다. 이는 질서와 무질서, 네겐트로피와 엔트로피 사이에서 역동적 균형을 찾아야 한다는 개념으로 이어진다. 정보로 가득하고 완전히 네겐트로피적인 세상은 상상할 수 없는데, 이 세상에는 역동적 균형을 찾는 구조를 유지하기 위한 긍정적 엔트로피가 더는 존재하지 않기 때문이다. 우주를 오직 정보로 이해하는 피에르 테야르 드 샤르댕식 오메가 포인트는 인간의 의식으로는, 아니 좀 더 겸손하게 말하면 내 의식으로는 상상할 수 없다. 네겐트로피에서 출발하면 문제는 한층 복잡해진다. 어떤 측면에서 질서를 의미하는 네겐트로피는 앞 장에서 논의한 메시지의 통사법으로, 반드시 메시지의 의미론이나 기의에 대한 이해를 전제로 하진 않는다. 이 지점에서 정보를 해독할 수 있는 미지의 대화 상대에게 의미가 담긴 정보를 전달해야 한다는 의식에서 발화돼야 하는 의미론에 관해 앞서 다룬 문제가 다시 등장한다. 이쯤 되면 과학의 영역에서 벗어나 신앙의 영역으로 넘어가는 것이다. 로스네가 지적했듯이 네겐트로피는 통사법과 마찬가지로 '중립적이고 객관적'이다. 정보는 그것을 해독할 수 있는 사람, 정보가 의미 있는 사람에게 가치 있는 '주관적' 의미를 담고 있다.

시간 개념으로 돌아가자. 로스네는 우리의 시간 개념이 인과관계의 원리인 '이전'과 '이후'로 연결되며, 결과적으로 우주의 엔트로피에 관한 열역학제이법칙과 연관됨을 보여준다. 우리 뇌가 수집하고 축적한 정보도 외부 환경의 에너지 변화와 연결되며, 무질서가 증가하고 정보가 감소하는 단일방향의 시간, 즉 엔트로피의 영향을 받는다. 로스네는 이 과정을 관찰과 지식 습득이라고 부른다. 이 과정에서 뇌 신경의 경로가 '형성'되고, 신경세포의 통사론이 수립되며, 기표의 생성이 동반된다는 점에 주의하자. 로스네는 이런 유형의 정보를 창작과 행동의 과정과 대립시켰다. 창작과 행동의 과정은 앞서 본 관찰과 지식 습득 과정의 역방향으로 전개되는 과정임이 분명하고, 이 과정에서 정보는 네겐트로피로 변형되고 뇌는 정보를 받는 대신 정보를 제공하고 조직한다. 나는 솔직히 그가 뇌가 정보를 얻고 '퍼뜨리는' 현재의 시간과 창작의 시간인 '더해진' 시간을 구분하는 것을 이해하지 못했다. 창작이란 기억된 경험이 축적돼야 가능하기에 창작하려면 시간이 많이 필요하다. 기록은 물론 신속하게 이뤄지지만 기록된 사실을 새로운 구조로 결합하는 일은 기록된 현상의 시간적 축적에서 비롯되기에 훨씬 긴 시간이 필요하다.

로스네는 제어기制御器에서 '시간의 화살은 자기 내부를 향한다'고 우리를 설득하기 위해 사이버네틱스를 동원했다. 사실 조절 과정에 대해 우리는 '원인이 결과보다 먼저인가, 그 반대인가?'라는 질문을 던져볼 수 있는데, '인과관계가 고리 형태로 순환'하기 때문이다. 우리가 고리를 열어 시작과 끝으로 펼친다면 우리는 '이전'과 '이후'가 있는 선형적 인과관계로 돌아온다. 제어기에서는 '시간의 보존'이 이뤄질 것이다. 시간적 관점에서 요인과 결과 사이에는 작동체作動體가 있어서 일반적으로 '효과의 지연'이 일어나고, 목적을 달성하는 데 필요한 요인과 결과 사이에는 '히스테리시스'*가 존재해, 두 가지 요소가 시간의 흐름에 따라 달라진다는 사실을 유념해야 한다. 그러나 우리는 이런 제어기가 아무것도 하지 않는다고 생각할 때가 많다. 시험관 안에서 일어난 효소 반응 가운데 반응물과 반응생성물이 평형을 이뤘을 때, 대충 관찰하면 시간이 지나도 더는 아무 일이 일어나지 않는 듯

----

* 물질이 거쳐온 과거가 현재 상태에 영향을 주는 현상으로, 어떤 물리량이 그때의 물리 조건만으로 결정되지 않고 이전에 그 물질이 거쳐온 과정에 의존(history-dependent)하는 특성을 말한다. '이력현상'이라고도 한다.

보인다. 그렇지만 다른 차원에서 관찰하면 어느 정도 양의 반응물이 꾸준히 반응생성물로 변화하거나 반대 작용이 일어나고, 이 작용은 전자가 이동하는 특정 시간에 일어난다.

결국 생명 체계는 제어된 조직 층위의 활동이 체계 외부의 조정기인 상부 층위에 의해 조정되는 자동 조절 기전의 연쇄 작용으로 이뤄진다. 또 이 활동은 특정 공간에서 특정 시간 동안 진화하는 유기체의 활동으로 이어진다.

생물학자는 매일 태양계로 둘러싸인 상대적으로 닫힌 생물권이라는 체계의 다양한 단위 조직을 접하기에, 시간에 따라 사물이 변화하는 것을 확인한다. 반면 물리학자는 시간이 하위 집합, 단위 조직, 공간과 더는 연관되지 않고 시공간 연속체 안에서 시간과 공간이 동일한 차원에 속하는 전체적 구조를 상상한다. 이것이 생물학자와 물리학자의 근본적 차이점이다. 인간의 뇌 기능에서 가장 중요하다고 생각하는 특징은 뇌가 새로운 구조를 고안할 수 있게 만드는 상상력이라고 누차 말했다. 그렇지만 가장 단순한 것부터 가장 복잡한 것까지 모든 생명체는 기억(즉 경험)을 통한 신체 구조의 지속적 변화가 가능하기 때문에, 정도의 차이는 있지만 어느 정도의 상상력(즉 예상 능력)이 있을 가능성이 있다. 예상은 기억을 통해서 가능하다. 예상은 자기 신체 구조를 보호하려는 목적으로 미리 짐작하고 행동을 계획할 수 있다는 뜻이다. 우리는 습득한 결정론과 유지해야 할 구조와 연관된 동기에 따라 과대 포장된 예상을 자유라고 부를 수 있다는 사실도 받아들였다. 그러나 경험으로 깨달아야 하는 상상적 구조를 만드는 창의적 예상은 기억하는 이미지의 습득이 아니라 그 이미지를 독창적으로 결합하는 시간 속에 싹튼다. 이는 뇌의 생화학적 시간이자 아마도 전자의 시간일 것이다. 그리고 예상이 행동으로 표출된다면 여전히 인간이 행동을 의식하는 시간 동안, 어떤 공간 안에서 이뤄질 것이다.

지금까지 시간과 공간의 상대성, 정보에 관해 기술한 내용은 담론의 영역에만 속하지 않는다. 이 관계는 우리의 일상을 채우고 있고 파장은 크지만 아직 풀리지 않은 문제의 원인이다. 우리는 사실 특정 공간에서 행동하지만, 감각기관이 포착한 정보를 이 공간과 겹치지 않는 다른 공간에서 얻는다. 이 공간은 지난 수십 년 동안 지구 너머까지 확장됐다. 시청각 정보는 전자파의 속도로 지구 곳곳에서 우리에게 전달된다. 그렇지만 대부분 우리 개개인이 직접 행동하는 수단은 한정된 공간 내부로 제한돼 있다. 우리는 TV로 사헬지역*에서 뼈만 앙상하게 남은 채 기아로 죽어가는 아이들을 본다.

.....
*   사하라사막 남쪽에 동서로 길게 분포하는 지역. 30년 이상 지속된 가뭄으로 식수와 식량 부족 문제가 나타나 많은 이주민이 발생한다.

우리가 무엇을 할 수 있을까? 이 장면은 이타주의를 일깨우기보다 가상이 아닌 죽음의 이미지, 즉 우리가 죽는다는 사실을 일깨운다. 그런데 앞에서 확인한 바와 같이 행동의 억제는 생태 균형을 가장 근본적으로 뒤흔드는 원인이다. 우리는 정보가 우리에게 도달하는 시공간을 축소했지만 개인적인 행동이 효과를 나타낼 수 있는 시공간의 크기를 같은 방식으로 줄이지 않은 경우가 많다.

마찬가지로 매스미디어는 수동적인 대중에게 객관적일 수 없는 정보를 전파하고, 이 대중은 정보를 전파한 출처에 적극적인 피드백을 줄 수 있는 수단이 전혀 없으므로 그 정보원은 스스로 진화하거나 피드백으로 정보를 얻어 변화할 수 없다.

몸싸움은 정보의 포착과 행동, 결과의 관찰이 모두 같은 공간에서 이뤄지는 반면, 오늘날 폭격기는 폭파에 따른 끔찍한 장면을 상세히 볼 수 없는 높이에서 폭탄을 투하하고, 이후 벌어진 모습에서 충격을 받는 일도 없다. 핵탄두 미사일은 말할 것도 없다. 핵탄두 미사일은 거리는 물론 죽음이 퍼지는 시간까지 단축한다(이때 핵탄두 미사일을 보유하지 않은 이의 시공간은 전혀 축소되지 않는다).

한편 인간이 공간을 활용할 때, 그는 앞서 언급한 조직 층위에 따라 달라지는 시간과 연관된 공간의 가치를 전혀 고려하지 않는다. 그 결과 우리는 무분별한 도시화를 진행해 공간을 무기물화 한다. 기술정보와 사회 문화적 정보가 축적되는 속도가 더뎌 사회적 시간이 느릴 때는 공간의 무기물화가 사회적 시간을 그대로 수용할 수 있었다. 그러나 사회적 시간이 급격하게 빨라진 오늘날, 우리는 사회를 구성하는 개인보다 훨씬 빠른 속도로 변화하는 사회를 위해 사회적 시간에 대립한 개별적 시간에 좌우되는 예상을 통해 물질의 시간으로 공간을 건설한다.

미래학자 가스통 베르제가 제안한 것처럼 미래를 구축하는 일은 간단하지 않다. 대공사격을 할 때처럼 목표를 선택하고 순간순간 행동의 궤적을 수정해야 한다. 대공사격은 상대적으로 간단하다. 움직이긴 해도 목표가 분명하기 때문이다. 반면 인간은 오늘 세운 목표가 내일의 목표가 될 가능성은 거의 없다. 오늘의 목표는 현대사회의 평가 기준에 맞춰 생각할 수밖에 없기 때문이다. 미래에 대한 인간의 욕망은 현재의 지식으로 희미하게 이상화한 이미지일 뿐이다. 물론 금세기 초기 포병이 고정된 목표물을 명중시키고 만족스러워한, 선형적 인과관계 원리에 따른 탄도학의 법칙은 움직이는 표적을 최첨단 제어 기술로 추격하는 방식과 별반 관련이 없다. 그러니 움직일 뿐만 아니라 현재의 상상력으로 상상할 수도 없는 목표물을 어떻게 명중시킬 수 있겠는가. 우리는 매 순간

과거, 현재, 미래
Le passé, le présent et l'avenir

이 목표에 도달하려는 행동을 지속한다. 모든 단위 조직에 항상 존재하는 이 목표는 우리의 한계를 벗어난 집단적 의식이 아니라 개별 인간 의식의 맥락에서 파악할 수 있다. 모든 것을 단순화한 창조론적 결정주의도, 편협하고 경직된 이념적 확신도 이 목표에 도달하는 데 별 도움을 주지 못한다. 그렇다고 행동하지 말라는 말은 아니다. 그저 행동의 결과를 확실히 예견할 수 없다는 뜻이다. 그러니 특정 행동을 인간 행동의 보편적인 모델로 강요하는 것은 성급한 일이다. 그렇지만 유토피아를 추구하는 모든 행동은 오래된 행동을 답습하는 것보다 효과적일 가능성이 훨씬 높다는 뜻도 된다. 우리가 확신할 수 있는 것은 진화가 인간 사회의 층위에 존재한다는 사실뿐이다. 진화는 어디로 우리를 이끄는가? 진화의 궤도는 어떻게 바로잡을 수 있는가? 나는 아무 의심 없이 역사의 대포와 조물주의 탄도학을 활용한 논리적 분석으로 모든 것을 해결한 사람들에게 존경을 표한다.

손으로 물체를 잡는 가장 단순한 행동을 할 때, 밀리초 (1000분의 1초) 단위로 작동하는 한없이 복잡한 신경 신호 처리 과정에 무수한 수정 작업이 연속적으로 이뤄진다. 인간이나 동물이 의도를 가지고 하는 미세한 몸짓은 목표를 달성하기 위한 정교하고 역동적인 처리 과정이다. 하지만 우리가 손에 넣고 싶어 하는 이상 세계는 석화한 이미지 그대로 우리를 기다리지 않을 것이다. 심지어 이상 세계에 도달하기 위해 우리가 혁명적인 시도를 하는 동안에도 그 이상 세계는 다른 세계로 바뀔 수 있다. 수정되지 않는 궤도를 따라가다 보면 우리는 공허한 결과에 직면할 수밖에 없다. 우리의 상상과 다를 것이며 더는 동일하지도 않을 목표가 욕망의 대상이 됐을 때, 이 목표에 도달하기 위해 우리의 혁명적 행동은 지속적으로 자기 수정을 할 수 있지 않을까? 절대로 동일하지 않고 절대로 달성할 수 없는 목표는 분명 습관화, 무관심, 포만감의 유일한 치료법이기 때문에 그렇게 하는 게 바람직하지 않을까? 이것이 인간의 고유한 속성이자 내가 지금 하고자 하는, 뒤로 하는 도피가 아닌 앞으로 하는 도피 예찬이며, 절대 현실화되거나 절대 만족스럽지 않은 상상계에 대한 예찬이다. 객관적인 목표는 없지만 메커니즘에 대한 이해를 바탕으로 더 효과적인 수단을 끊임없이 찾아내는 항구적인 혁명이다. 구조적 법칙을 사용하되, 닫힌 구조는 절대로 용납하지 않으며, 도달해야 하는 목표도 설정하지 않는 그런 혁명이다. 이것이 바로 인간이 자신을 본떠 만든 기계와 다른 점일 것이다. 쿠피냘*이 말했듯 인간은 기계가 효과적으로 작

....

*   Louis Pierre Couffignal(1902~1966년). 프랑스 수학자이자 사이버네틱스 선구자.

동하도록 필요한 목표를 부여한다. 그러나 인간은 자신이 모르는 목표를 향해 맹목적으로 달려간다. 앞서 언급했듯이 인간의 의식은 자신에게 메시지의 의미를 제공할 수 없기 때문이다. 인간은 통사론을 활용해 언제나 완벽한 문장을 만들고자 하지만, 철자는 틀리고 어구가 부정확하며 어법에도 맞지 않는다. 그렇지만 이 부르주아 시대에는 고등학생의 라틴어 숙제를 고쳐주듯 빨간 펜을 들고 고대 문법 규칙에 맞춰 여백에 교정을 볼 선생님이 옆에 없다.

다시 해야 한다면

Si c'était à refaire

다시 해야 한다면
Si c'était à refaire

솔직히 이런 질문에는 어떻게 대답해야 할지 모르겠다. 다시 해야 할 게 있을까? 내 인생을 새로 써야 하나? 어린아이의 순수한 신경계를 갖고 벌거숭이로 다시 태어난다 해도 그 즉시 새로운 유전적 특성, 특히 새로운 가족과 새로운 사회 환경의 궤도에 놓일 텐데, 그러면 전에 한 행동을 반복하는 일은 없을 것이다. 그사이에 모든 것이 바뀌었을 테니 다시 살더라도 다르게 살 것이다. 어떤 삶을 살든 다소 긴 여정 끝에 죽음을 마주하리라는 확신만 접어둔다면 미지의 종착지를 향해 궤도를 따라갈 것이다. 내가 다시 하는 일은 아무것도 없을 것이다. 무엇이라도 하는 것은 이제 내가 아니라 다른 환경에서 만들어진 타자이기 때문이다.

지금까지 습득한 지식과 경험을 간직한 채 유년기부터 다시 살라고 한다면 어떨까? 좀 더 상상하기 쉽지 않을까? 물론 우리의 행동은 경험과 학습에 따라 달라질 수 있다. 그러나 내가 겪은 상황은 절대 재현되지 않는다. 살면서 내가 겪은 사람들의 행동을 다시 접할 거라고 확신할 수도 없다. 다만 내가 청소년기부터 지금까지 사회 문화의 역사적 흐름이 심각하게 단절되는 일이 없었기에 인간적인 충동은 여전히 의식되지 않은 상태로 있을 테고, 나 역시 동시대 사람들의 무의식에서 크게 벗어나지 않게 늘 나를 이끈 무의식적 결정론에 따라 행동했을 것이다. 모든 것을 다시 해야 한다면? 이 질문은 우리가 지금까지 한 것과 다른 것을 할 수 있음을 암시한다. 우리에게 선택할 가능성이 있다는 말이다. '자유'에 대해 이야기한 장을 다시 읽어보면 우리에게 절대로 선택권이 없다는 내 생각을 이해할 것이다. 우리는 항상 필연성의 압력 속에 행동하지만, 필연성의 압력은 숨는 방법을 잘 알고 있다. 우리의 무지라는 그늘에 숨는다. 우리를 이끄는 무의식에 대한 무지이자 우리의 욕망과 사회적 학습에 대한 무지다.

다시 살아야 한다면 나는 분명 다른 일을 하겠지만, 내가 어떻게 할 수 있는 일은 없을 것이다. 인간의 삶은 저마다 고유하고, 어떤 것과도 다른 특정 시공간에 위치하기 때문에 나는 다른 무엇을 할 것이다. 그러나 수많은 요인이 살무사

다시 해야 한다면
Si c'était à refaire

무리처럼 얽히고설킨 채 한 인간의 삶으로 수렴했다가 빠져나가기에 자유로운 선택이 놓일 만한 여유 공간이 더는 없다.

그렇다 해도 낙심하지 말자. 다시 해야 할 게 전혀 없겠지만 다른 사람들이 우리가 하지 않은 것을 할 테고, 덧없는 과거와 현재의 우리 경험은 다른 미래를 만드는 데 쓰일 수 없기 때문이다. 이 경험을 고스란히 다음 세대에게 전해줄 수 있다 해도 그들은 우리에게 시간이 있었다면 했을 일과 다른 일을 할 것이다. 무엇보다 우리가 혼자서 무엇을 하거나 다시 할 수 있을까? 다른 사람들이 우리와 함께한 것 외에 달리 할 수 있는 게 없다. 다시 해야 한다면 우리는 여전히 모두 함께, 그렇지만 다르게 할 것이다. 다르게는 더 낫거나 못하다는 뜻이 아니다. 그 판단을 하려면 우리의 모든 행동을 평가할 수 있는 절대적이면서 감정적이지 않은 가치척도가 있어야 하기 때문이다. "판단을 받고 싶지 않다면 판단하지 마라." 이 문장에는 인간에게 절대적인 가치척도가 없다는 뜻이 함축되지 않았나.

안타깝게도 판단하지 말라는 것은 이미 판단할 게 없다고 판단한 것이다.

이상적인 사회

La société idéale

이상적인 사회
La société idéale

               이상적인 사회는 절대로 존재하지 않는다고 말하는 것은 비관주의자여서가 아니라 낙관주의자여서다. 알다시피 우리는 기억하는 자료와 습득한 경험을 바탕으로 상상할 수 있다. 우리는 이미 알고 있는 이외 것은 상상할 수 없다. 새로운 구조는 오래된 요소로 구성되지만, 우리가 알지 못하던 요소를 발견하도록 돕고, 이 요소에 무지하다면 우리는 손이 닿는 가까운 거리만 상상할 수 있을 뿐이다. 진보하려면 알려진 사실을 기반으로 한 가설은 새로운 사실의 발견으로 이어지고, 이는 다시 새로운 가설을 만들어내는 두 가지 움직임이 필요하다. 우리는 시행착오를 거치며 한 걸음씩 나아갈 수밖에 없다. 다시 말해 우리는 이번 세기, 올해, 오늘의 사회만 자기 깜냥에 맞게 상상할 수 있다. 우리는 내일의 이상적인 사회가 무엇인지 알지 못한다. 오늘의 사회는 내일의 사회로 가는 한 걸음이며, 분명 어제의 욕망으로 이룬 이상적인 사회였을 것이다. 불과 20년 전*만 해도 '아메리칸 라이프스타일'이 서방세계를 휩쓸었다. 미국의 도발이라고 했다. 수백만 명이 미국을 이상적인 사회로 생각했고, 그때 이미 존재하던 다양한 파괴적 요소에는 고집스럽게 눈을 감았다. 동시에 사회주의에 대해 잘 몰랐거나 잘 알면서도 담론의 논리에 빠져 충동적 감정으로 맹목적이 된 수백만 명에게 사회주의국가는 이상적인 사회였다. 서구 문명에 실망한 이들은 인도나 극동 아시아에서 이상적인 사회를 찾았다고 여겼다. 이상적인 사회가 존재하지 않는다면 과거의 잘못을 교훈 삼고 역사의 실패를 바탕으로 그런 사회를 만들 수 있다고 생각하는 사람들도 있었다. 이들은 모두 역사적으로 비슷한 시기에 한 인간으로서 서로 다른 시간을 보냈지만, 선형적 인과관계의 시간에 머무르든 자유의 시간에 서든 저마다 이상적인 사회를 꿈꿨다.

우리 생각이 현재의 경험에 국한되는데 어떻게 이상적인 사회를 논할 수 있겠는가. 몇 년 전부터 우리는 계획이 아니라 전망에 관해 이야기하고 있다. 이는 분명 진일보한 것이

----

* 2차 세계대전 승전 후 미국이 전성기를 누리기 시작한 1950년 전후를 말한다.

이상적인 사회
La société idéale

다. 이제 과거의 경험으로 미래를 예측하는 것은 불가능하다는 사실을 이해했다. 그러나 우리는 현재의 요소에 기초해서 미래를 상상할 수 있으며, 이는 곧 현재의 요소는 늘 불완전하고 오직 앞으로 나가야 다른 요소를 발견할 수 있음을 의미한다는 것은 아직 이해하지 못했다. 이런 요소는 지나간 순간에 우리가 형성한 미래지향적 관점을 완전히 바꿀 것이다. 그러니 우리가 전망하는 것은 금지된 셈이다. 우리는 그저 과거로 돌아가지 않기 위해 '근미래를 전망'하는 데 만족해야 한다. 우리의 역할은 제한적이다. 그렇기에 우리의 역할은 이상적인 사회를 구상하는 게 아니고, 뒤에 올 세대에게 물려줄 이상적인 사회를 생각해내는 것은 더더구나 아니다. 단순하게 생각해도 우리의 욕망은 우리 지식수준에 머무르기 때문이다.

희망은 이미 윤곽이 그려진 이상적인 사회를 지구에 실현하는 데 있는 게 아니며, 그럴 수도 없다. 각 세대는 이전 세대가 세운 것을 바꾸고, 그럼으로써 알지 못하는 방향으로 이상향을 움직이며, 그 목표를 향해 나아갈 것이다. 그렇게 앞이 보이지 않는 상태에서 그저 '잘'하고 있다는 믿음으로 과거의 수레바퀴 자국을 피해 한 걸음씩 나아가면 아직 존재하지 않는 다른 세대를 만날 것이다. 그러나 그들 또한 새로운 세대가 순례자의 지팡이를 이어받을 때는 존재하지 않을 것이기에, 새로운 세대는 예상할 수 없는 미지의 길이자 새로운 길을 발견할 것이다.

우리의 역할은 제한적이고 우리 뒤를 이어 등장할 이들의 역할도 마찬가지다. 우리의 역할은 의미를 이해할 수 없다는 것을 아는 상태에서 문법을 완벽하게 다듬는 것이다. 경험이 쌓이면서 가능해진 가설을 세우는 일을 멈추지 않음으로써 우리가 모르는 목표를 향해 한 걸음씩 나아가는 것이다. 그러면 인류가 영원의 책에 썼을 문장의 의미는 이해하지 못하더라도 우주의 문법에 점점 잘 맞으면서 만족감이 커질 테고, 이 문법은 비록 우리가 이해하지 못하더라도 언젠가 우주의 비밀이 담긴 문장을 인간의 도시로 들어오는 대문 위에 새길 것이다.

역사는 변하기 때문에 반복되지 않는다. 역사에서 변하지 않는 요소는 인간의 신경계를 구성하는 유전자 코드뿐이다. 그러나 인간의 신경계는 언어를 매개로 시간의 느린 흐름이 그 안에 새겨진다는 독특한 속성이 있다. 인류가 자기 행동 메커니즘과 관련된 서툰 경험을 습득하기 시작한 것도 역사의 일부다. 지금까지 인류는 역사를 만들어왔으나 그 방법은 알지 못한다. 인류는 세계를 변화시켰고 그 결과가 자신의 욕망에 부합하지 않는다는 점에 놀랐다. 이상적인 사회를 꿈꿨지만 늘 전쟁과 자기중심주의를 피하지 못했고 지배와 피

이상적인 사회
La société idéale

지배 관계가 생겨났다. 인류는 여전히 자기 신경계 기능이 통사법의 일부라는 사실을 깨닫지 못했고, 무의식을 담당하는 언어 조합의 기본 규칙을 한결같이 무시했기에 같은 실수를 반복했다. 내가 보기에 살아 있는 지구의 대서사 중 첫 페이지가 번역되면서 인류에게 새로운 시대가 열린 듯하다. 인류가 그것을 이상적인 사회가 아니라 적어도 새로운 도시를 세우기 위해 활용하면 좋겠고, 다시는 바벨탑이라는 빛바랜 계획에 착수하지 않기 바란다.

이상주의자가 실현 불가능한 모델을 상상할 수 있는 사람이라면, 모델 제시를 거부하는 나는 이상주의자라고 할 수 없다. 레핀 콩쿠르*에 출품하는 게 아니라면, 혼자서 사회 모델을 고안해 실현할 수 있는 사람은 아무도 없다. 자신이 제안하는 사회 모델을 실천하자고 소수 특정 집단을 설득할 순 있을 것이다. 그러나 모든 체제가 이상주의자의 모델과 다른 사회경제적 구조를 내세우는 오늘날, 독자적인 인간이, 심지어 한 국가라도 살아남는 것은 상상할 수 없는 일이다. 따라서 자신의 체제를 세계화해야 하는데, 그러려면 그냥 타인이 아니라 모든 타인의 도움이 필요하다.

....
* 발명가와 혁신가가 작품을 발표하고 찬사를 받을 수 있는 경연대회. 프랑스 정치가 루이 레핀(Louis J. Lépine)이 도입했다.

앞에서 언급했듯이 20세기 초 소련처럼 지리적 경계와 고립 덕분에 모델을 실천할 수 있게 된 경우를 가정하자. 단지 모델을 실행에 옮긴다는 사실로 그 모델이 예측하지 못한, 결국 모델이 실현되지 못하게 방해하는 새로운 사실을 발견하게 된다. 스탈린주의가 예견된 것이라고 주장하는 이들도 있다. 그렇다면 왜 피하지 못했을까? 역사의 맹점은 일이 벌어지고 나서 이전에는 전혀 존재하지 않던 선형적 인과관계를 믿게 만든다는 것이다.

우리가 할 수 있는 일은 우리가 따라야 할 보편 법칙을 도출할 수 있는 경험적 사실을 축적하는 것뿐이다. 거듭 말하지만, 사회적 상황에서 인간의 행동에 관한 새로운 자료와 생명체가 조직되는 보편 법칙을 전혀 고려하지 않았다면 어떤 사회경제적 모델도 불완전한 논리적 담론의 수준에 멈춰 있기에 이용할 수 없다. 최소한 새로운 사실이 등장해 어떤 모델이 실현되는 것을 방해한다면 그 모델은 진정 유토피아적인 것이다.

이 말은 인간은 유토피아적인 모델만 실현할 수 있다는 뜻이다. 유토피아적 모델은 인간이 상상한 방식으로 달성할 수 없으며, 실현하려고 시도하자마자 그 점을 깨닫게 된다. 판단 착오와 기능 오류는 불가능한 것을 계속 실현하려 하고, 모델이 고안된 순간과 실현이 모델에 부적합하다는 점이 입증

이상적인 사회
La société idéale

되는 순간까지 이론이 예측하지 못했고 실패로 인해 밝혀진 것, 과학의 진보, 더 나아가 인간 지식의 진전으로 활용할 수 있게 된 새로운 요소를 방정식에 반영하지 않는 데서 비롯된다. 유토피아는 진화에 필요하기 때문에 위험하지 않다. 위험한 것은 일부 사람들이 자기 권력과 특권, 지배력을 유지하기 위해 사용하는 독단주의다.

이상적인 사회는 존재하지 않는다. 이상적인 남성이나 여성이 없기 때문이다. 어느 여성이 어느 남성에게서 이상적인 남성을 찾았다고 믿는다면 그녀는 경험은 물론 경험에 좌우되는 상상력도 없다고 말할 수 있다. 여성에게 이상적인 남성 혹은 남성에게 이상적인 여성이란 정의상 자신의 지식에 국한되고, 자신의 '문화'라는 범주에 갇힌 상상의 구축물일 수밖에 없다. 지식과 문화가 늘어날수록 이상적인 남성 혹은 여성은 만나기 어려워진다. 이 문화는 개념으로만 이뤄진 것이 아니기 때문이다. 단어로는 절대로 옮길 수 없는 모든 것으로도 이뤄져 있다. 욕망의 꽃은 소멸한 사랑과 결코 태어나지 않을 상상 속 사랑의 잔해로 나날이 비옥해지는 무의식의 부식토에서 풍성하게 피어날 수 있다.

신앙

Une foi

신앙
Une foi

　　　　　　　　　　　　메시지가 존재한다고 가정해도 인간은 메시지 자체나 삶이 전하는 메시지를 과학적인 방법으로 해독할 수 없다. 인간은 애써 통사법을 분석할 수 있으나 그 의미를 이해할 순 없으며, 그 질서 정연한 전체가 의미를 담고 있는지, 즉 삶을 매체로 삼는 메시지를 애초에 내보낸 송신 의식과 전달된 정보를 사용할 능력이 있는 수신 의식이 존재하는지조차 확신할 수 없다. 유일한 확신은 이 주제가 신앙의 영역에 속한다는 점이다. 과학의 영역이 아니라는 구실로 신앙의 영역을 부인하는 것은 과학적이지 않다. 그러나 신앙을 과학적 논거로 이해할 수도 없다. 등장하는 겉모습부터 과학의 영역에 비해 그저 수상쩍다고 할 수밖에 없다.

　모순된 삶과 부당한 죽음 앞에서 인간은 자신의 논리로

논리적 설명을 구했다. 이해할 수 없는 세상에 대한 불안으로 고통을 겪는 인간은 관찰로 설명할 수 없는 뭔가를 찾았다. 신화에서 불안의 치유법을 구했지만, 그 신화가 또다시 새로운 불안의 근원이 되리라고는 미처 생각지 못했다. 신앙과 불안 중에 무엇이 먼저인지 말할 수 있는 사람은 아무도 없다. 나는 신앙의 기원이 불안이라고 말하고 싶다. 오랫동안 그리고 오늘날에도 신앙은 몰라서 행동하지 못하는 사람들에게 규칙을 제공한다는 엄청난 이점이 있다. 앞에서 이야기했듯이 불안은 행동할 수 없기에 발생한다. 이런 행동 불가능성의 근본적인 원인은 의심할 나위 없이 정보 부족에 있다. 즉 인간이 성장하면서 겪은 선형적 인과관계의 언어로는 이해할 수 없는 사건이나 새로운 사건에 대해 어떤 행동을 했을 때, 그 결과를 알지 못하기에 불안한 것이다. 신앙은 행동 규범, 설명서, 사용법을 제공한다. 그래서 불안을 치유할 수 있다. 그러나 신앙에서 행동 규범을 지키지 않았을 때 처벌받는다고 하면 새로운 불안을 낳을 수도 있다. 현세가 아니라 내세에서 처벌받는 죄에 대한 불안이다. 신앙은 곧 율법판에 새겨진 종교로 변모한다. 불안이 빈번한 만큼 교리도 존중받는다. 이런 교리는 항상 종파주의의 근원이고, 해당 교리를 따르는 이들에게 의미 있는 가치척도이자, 붕괴와 소멸로 향하는 체계의 폐쇄성의 근원이라는 점에서 유사하다.

신앙
Une foi

종교적 교조주의와 정치적 교조주의가 똑같이 비타협적이며 닮은꼴인 이유가 여기에 있다. 한편 인간 사회에서 조직의 근간이 되는 지배 구조는 다수에게 만족을 줄 수 없다. 신앙으로 내세에서 보상을 기대할 수 있다면, 그들은 현세에서 더 화해하고 고통을 잘 견디며 만족의 부재를 쉽게 받아들일 가능성이 크다. 이런 신화는 피지배자들의 저항을 누그러뜨리기 때문에 여기서 자신에게 유리한 수단을 발견한 지배자에 의해 유지된다. 그래서 종교계와 정치계가 서로 자신의 구조를 유지하게 도와달라고 요청하는 결탁과 공모가 빈번하다. 하지만 종교 권력이 세속화하거나 정치권력이 '신격화'할 때, 두 권력은 대립하고 그 대립은 알력 관계가 안정돼 새롭게 협력할 수 있을 때까지 심각해진다. 각자 인간 활동에 새로운 지배적 위계 구조를 정립하는 틀을 강제하고 싶어 하기 때문이다.

그렇지만 인간의 의식 차원에는 우주의 기원과 종말에 대한 논리적 담론을 끌어내지 못하는 데서 오는 불만으로서 삼라만상에 관심이 있다는 것은 부인할 수 없는 사실이다. 앞서 말한 불안의 정교한 형태이자 존재론적 불안이라고도 할 수 있는 삼라만상에 관심이 생기려면 우리는 여전히 존재에 대해 생각할 시간을 가져야 한다. 오늘날 교회는 놀라울 만큼 한산하다. 팽창적 사회에서는 사람들이 교회에 갈 시간을 거의 주지 않는다. 여기서 내가 말하는 교회는 여전히 도시에서 공간을 차지하는 교회가 아니라, 대사제의 집 뜰에서 자신의 뺨을 때린 군인에게 "어찌하여 나를 때리느냐"*라고 물은 예수처럼 모든 사람이 자기 마음속에 세울 수 있는 교회, 굽실거리며 기도문을 외우는 곳이 아니라 똑바로 서서 질문할 수 있는 교회다. 그러나 그 질문은 아이가 아버지에게 하는 질문처럼 정치나 종교의 정통주의자들에게는 결코 좋은 반응을 얻지 못했다. 그들은 부적절한 답변이 자신들이 강요하려는 이상적 이미지를 무너뜨리거나, 자신들이 만족을 얻는 가부장적인 권위를 위협하는 반응을 불러일으킬까 두려운 것이다.

    내가 받은 기독교 교육은 완벽하게 순응주의적이지만 결코 소외감이 들지 않았다. 나는 청소년기가 끝나갈 무렵 내게 지대한 영향을 미친 친구 덕분에 나중에야 진정한 의미의 기독교를 알게 됐다. 그 기독교는 내가 첫 영성체에서 접한 권위적이고 억압적인 교리와 거의 관련이 없었다. 이후 나는 내가 다섯 살 때 서른한 살로 돌아가신 아버지의 이미지를 만들었듯이 예수에 대한 이미지를 만들었다. 나는 (정신분

----

* 〈요한의 복음서〉 18장 23절.

신앙
Une foi

석학적 용어를 빌리면) 어른이 되기 위해 아버지를 죽일 필요가 없었다. 적어도 내가 갖고 있는 아버지의 이미지가 되는 것으로 충분했기 때문이다. 아버지는 프랑스령 기아나의 마나에서 파상풍으로 돌아가셨다. 프랑스 식민지 군대 소속 군의관이던 그분의 비극적인 죽음으로 고통스러운 적이 없던 이유는 아버지가 내 안에서 계속 살아가도록, 내가 그가 되도록 내 주위에서 모든 일이 무의식적으로 일어났기 때문이다. 이 모든 사실을 아는 지금도 아버지, 아니 적어도 내 안에 구축된 신화는 건재하다. 아버지는 내 작품이고, 나는 모델과 마찰을 전혀 일으키지 않아도 됐다.

내 안에 구축된 예수는 기꺼이 타인과 공유할 수 있는 친구의 이미지다. 모든 사람은 자신만의 예수를 간직하고 있다는 사실을 알고 있어도, 유독 예수를 거부하거나 특정 환경에서 강요되는 예수의 이미지를 거부하는 사람도 기꺼이 공유할 수 있는 이미지다. 예수가 태어나기 수천 년 전에 내가 중국에서 태어났다면 그에 관한 이야기를 전혀 듣지 못했을 것이다. 그러니 예수에 대한 내 지식에는 역사적 결정론이 작용했다. 하지만 예수의 십자가형은 그의 적들이 그가 전하려던 메시지를 훼손한 것에 비하면 아무것도 아니라는 점을 내 학문적·사회적 삶을 통해 깨닫게 되면서 예수에 대한 내 우정은 계속 두터워졌다. 예수의 적들은 의미론이 아니라 이기적 문법을 사용했다. 우리는 친구에게 도덕이나 행동 규칙은 물론 원칙이나 법칙을 기대하지 않는다. 우리가 친구에게 바라는 것은 우정이고, 그 외 모든 것은 친구와 대척점에 있는 적들이 만들든 말든 버려둔다.

나는 친구의 적들이 프랑스혁명이 만든 불멸의 원칙과 복음을 조화시키고, 유대-그리스도교 문명을 기반으로 인간과 시민의 권리를 수호하기 위해 경찰과 군대를 조직하든 말든 방치했다. 나는 그저 시간이 허락할 때 친구 같은 예수에게 인사를 드리러 가는 데 만족한다. 예수는 시중드느라 경황이 없는 마르타에게 "많은 일에 마음을 쓰며 걱정하지만 실상 필요한 것은 한 가지뿐"이라고 한 반면, 자신의 발치에 앉아 자신이 하는 이야기를 들으며 시중보다 지식을 택한 "마리아가 참 좋은 몫을 택했으니 그것을 빼앗아선 안 된다"고 했다. 예수는 그 시대에 수고도 하지 않고 길쌈도 하지 않지만 들꽃처럼 행동하라고 조언했다. 그는 하느님의 집인 성전, 즉 우리 내면에서 상인을 쫓아냈다. 예수는 그래도 부자 청년을 사랑했다. 당신도 기억하겠지만 부자 청년은 예수가 조언하는 모든 일을 했고 더 할 수 있는 것이 무엇이냐고 물었으며, 예수는 "가진 것을 다 팔아 가난한 사람에게 나누어 주고 나를 따라오너라"라고 했다. 청년은 용기를 내지 못했고 무척 근심했다. 예수는 청년이 사회 문화적 자동성에 매여 있음을 알기에 그를 사랑했다. 예수는 올리브산에서 자신에게 주어진 고통스러운 잔을 거둬달라고 아버지에게 간청하며 용기라곤 찾아볼 수 없는 모습을 보였다. 예수는 슬픔이 아니라 복음의 기쁨을 가지고 왔다. 그는 프로이트보다 먼저 인간은 자신이 무엇을 하는지 알지 못하고 무의식에 복종하기 때문에 용서받아야 한다고 알고 있었다. 그는 (행적조차 묘연한) 육신의 아버지 요셉의 도움을 받지 못한 채 십자가를 짊어졌고, 간음한 여인을 데려온 사람들에게 "누구든지 죄 없는 사람이 먼저 저 여자를 돌로 쳐라"라고 했다. 그는 열네 살 때 어머니를 따르지도, 형제를 따라다니지도 않았다. 예수는 그들을 모르는 사람으로 취급했다. 성가족*과 온화한 예수! 그는 평화가 아니라 검을 들고 왔고, 아들이 아버지와 대적하게 했으며, 나중에 온 일꾼들이 먼저 온 일꾼과 같은 품삯을 받는다는 믿기지 않는 이야기를 했다. 빌어먹을 위계질서! 예수가 내세에서 유효한 위계질서가 이 세상에 없길 바랐다는 점을 이해할 수 있다. 예수가 '○○한 자는 복이 있나니'라며 설교한 산상수훈은 복수의 신이 내뱉는 명령이나 구령 소리와 완벽히 대비된다. 그토록 따뜻하고

....
*   성모마리아, 요셉, 예수로 이뤄진 거룩한 가정.

아름다운 시에서 어쩌면 그렇게 원시적이고 강압적인 지배체계가 생겨날 수 있었을까?

비록 날림이지만 내가 받은 기독교 교육이 직업에 얼마나 영향을 미쳤는지 알 수 없다. 물론 의식적이고 논리적인 이야기를 할 때는 종교와 학문의 연관성을 부인하지만, 어릴 때 받은 기독교 교육이 내 직업에 어느 정도 영향을 준 것은 분명한 사실이다. 이 둘의 관계는 내가 단순한 직업 활동 대신 학문적 삶을 살기 시작하면서 형성됐다. 학자로서 연구하다 보니 그동안 알지 못하던 나 자신은 물론, 나와 동시대에 사는 이들의 행동을 해석할 수 있게 됐기 때문이다. 그때까지 나는 사회 문화가 내 신경계에 공들여 심어놓은 가치판단의 근원을 그럭저럭 드러낼 뿐이었다. 다소 반항할 때도 있었지만 결국에는 순종했다. 그리고 신기하게도 내가 몸담은 과학이라는 학문을 매개로 예수라는 통찰력 있는 친구를 만났다. 시적이며 사회에 부적응하던 이 친구는 이해하는 자들이 제대로 이해하길, 귀가 있는 자들이 제대로 듣길 바라며 2000년을 기다렸다. 하지만 내가 예수를 만나게 된 것이 내가 연구하는 학문 덕분이 맞느냐고, 그분이 말씀하셨듯이 내가 애초에 그분을 만난 적이 없다면 결코 그분을 찾지 않았으리라고 생각할 수도 있을 것이다. 내가 아는 한 과학 중의 과학으로 지극히 체계적이고 미학적인 학문은 복음서다.

신앙
Une foi

무엇보다 꼼꼼한 안내서인 복음서 덕분에 나는 현세와 영생을 두고 벌어지는 탐욕스런 장사치 같은 흥정, 슬픈 파스칼의 내기[*]에 무심할 수 있게 됐다. 나는 내 친구가 죽은 나를 살려내거나 내세에서 내 사회적 신분 상승을 약속하길 기대하지 않는다.

우리는 친구에게 우정만 요구하고 우정만 준다. 우정이란 무엇인가? 같은 공간에 있는 두 사람이 상대에게 만족의 대상이 되는 것이다. 우정은 그들 사이에 지배욕은 물론 복종을 수용하는 일도 없어야 가능하지 않은가? 우정은 모든 것을 곡해하는 논리적 언어가 필요 없는 소통을 요구하지 않는가? 또 이 세상이 아니라 상상계에 있기에 경쟁이 없는 영역에서 같은 목표를 세우고, 정해진 규칙에서 벗어나 상대에게 실질적인 도움이 되라고 요구하지 않는가?

과학이 신앙을, 고대의 신들을 죽였다는 말은 고리타분하다. 불안을 치료하는 데 과학이 신앙을 대체했다는 표현이 정확하다. 인간은 과학의 힘으로 현세에서 불멸의 존재가 되기를 기대한다. 그러나 인간은 곧 실망할 것이다. 과학은 세

....
*   프랑스 철학자이자 수학자 파스칼(1623~1662년)이 제시한 신의 존재에 대한 믿음과 관련한 논리적 추론. 신을 믿는 리스크와 믿지 않는 리스크를 계산해 신을 믿는 것이 낫다는 주장을 펼쳤다.

속적 학문이라서 인간의 구체적인 문제는 해결하지만, 인간의 운명을 해결하지 못하기 때문이다. 앞서 말했듯이 과학은 '삶에 의미'를 부여하지 않는다. 과학은 삶을 만들어가는 데 그칠 뿐이다. 설령 의미를 부여한다 해도 아무런 의미 없는, 우발적이고 거의 일어날 가능성이 없는 일의 연속적 과정일 뿐이라고 할 것이다. 수많은 과학적 사실은 우연도 자유와 마찬가지로 우리의 무지에서 비롯됨을 보여준다. 하지만 우리가 발견한 이 질서 정연한 우주가 유일한 우주일까? 인간 운명의 비극은 자신의 운명에 대해 아무것도 모른다는 것을 충분히 알고, 달리 알아야 할 게 있다는 것을 충분히 알지 못하는 데서 비롯된 게 아닐까? 하지만 달리 알아야 할 게 있다고 해도, 그것은 어떤 설득력 있는 교리문답을 통해 배울 수 있는 게 아니다. 죽은 라자로는 아무것도 요구하지 않았지만 다시 살아났다. 나는 예수에게 내 불안을 가라앉혀달라고 요구하는 게 싫다. 우리는 그의 불안을 달래기 위해 아무것도 하지 않았다. 나는 그저 내가 생각하는 모습 그대로, 그러니까 역사가 내게 강요하려고 하는 모습이 아니라 다른 사람이 절대로 될 수 없던 모습 그대로 받아들여달라고 예수에게 요구하겠다. 나는 예수가 어원적 의미에서 단어를 가장 잘 이해하는 사람이라고 생각한다. 교리문답이 한 번이라도 무엇을 이해한 적이 있는가?

신앙
Une foi

    오늘날 많은 기독교인이 마르크스주의에 동조한다. 실제로 많은 기독교인이 박해받던 기독교 초기부터 스스로 교권을 행사할 수 없을 때는 권력과 꾸준히 협정을 맺어왔다는 사실을 알고 있다. 예수가 약한 자나 피지배자와 함께 세상을 떠돌았다면, 기독교는 모든 시대 지배자와 손잡았다. 교회의 논리적 근거는 간단하다. 예수의 왕국은 이 세상이 아니니 지상의 지배 질서를 바꾸려 하지 말고 천상의 지배 질서에 대비하자는 것이다. 그렇다면 왜 예수가 강생했는지 의구심이 든다. 육체와 상관없이 순결한 영혼을 위해 노력하면, 모든 시대에 존재하는 바리사이파와 산헤드린에게 당하는 착취와 고문을 감내하면 내세에서 수백 배로 돌아온다고 말하는 것은 그들이 권력을 마음껏 행사하도록 하는 것 아닌가. 교회에서는 예수그리스도를 본받으라고 가르치지만, 예수의 삶과 죽음이 곧 모든 기성 권력이 무엇을 할 수 있는지 보여주는 사례, 그러니까 되풀이돼선 안 되는 사례라고 생각하는 편이 논리적으로 더 명확하지 않을까? 결국 예수의 말씀과 죽음은 낙타가 바늘귀로 빠져나가기보다 어렵게 천국에 들어갈 부자들과 맞서 싸우는 게 아닐까? 진실과 권력을 가진 정의로운 자들이 인간 공동체에서 영원히 사라지도록 뭐든 하는 게 아닐까?

    마르크스주의적 기독교인은 마크르스에게서 인간에 의

한 인간의 착취로 이어지는 특정 메커니즘에 대한 설명을 발견했고, 서로 추구하는 목표의 유사성에 매료될 수밖에 없었다. 그러나 그들은 곧바로 성스러운 것을 탈脫신성화하고, 초월적인 것을 정치화하며, 엄연히 천상에 속하는 것을 아무 거리낌 없이 지상으로 끌고 왔다는 비난을 받았다. 심지어 어떤 기독교인은 신분 상승에 전혀 위협을 받지 않는 까닭에 자신이 안주한 현실에서 벗어나지 않은 채 유행하는 좌파의 깃발을 휘두르며 떨리는 목소리로 십자가의 요한*인 양 현대판 신비주의자 행세를 했다. 어떤 기독교인은 성전에서 쫓겨난 상인들이 등 돌린 예수를 보자마자 재빨리 돌아와 번성하던 과거의 좋은 교회를 무너뜨리고 있다며 마르크스주의적 기독교인을 가르치려 들었다. 우리는 그들의 논리를 익히 알고 있다. 그들의 눈에 몹시 거슬리는 마르크스주의가 기껏해야 스탈린주의로 이어지는, 인격을 완전히 무시하는 구시대적 이념이라는 것이다. (그렇게 말하면서 그들은 어쩌면 자신을 부끄럽게 생각했을지도 모르겠다. 인격을 무시하는 것은 부끄러운 일임을 알기 때문이다.) 여기서 잠깐, 기독교

.....
* 에스파냐의 신비 시인 후안 크루스(San Juan de la Cruz, 1542~1591년). 가르멜회 수도사인 그는 매우 세련되고 순수한 시적 표현으로 하느님의 사랑을 찬양하는 작품을 썼다. 주요 저서는 《카르멜산의 등반》《영혼의 암야》《격렬한 사랑의 불꽃》 등이 있다.

사상도 종교재판과 종교전쟁, 십자군, 모든 형태의 제국주의에 대한 지원 등으로 이어졌다는 점을 지적하자. 그들은 자신이 믿는 교리가 언제나 지배적 충동과 인정받고 싶어 하는 자기애적 욕구를 의식하지 못하고, 특히 신경계의 모든 분자에 깊이 스며든 사회 문화적 학습을 지각하지 못하는 인간에 의해 해석돼왔다는 점을 알지 못하는 것 같다. TV에서 신의 은총을 받았다는 오늘날의 신비주의자를 볼 때가 있다. 그들을 관찰하다 보면 (자기 말에 반박하는 사람이 있어도 말할 틈을 주지 않기에 이견을 들을 수 없는 상황에서) 그들의 말이 아무리 우아하고 매력적이어도 그들의 태도와 몸짓, 얼굴, 시선, 목소리에 집중하게 된다. 그들이 하는 말 이면과 저명인사라는 유기체 안에 감춰진 동기와 숨겨진 불안감과 불확실성을 발견하기 위해서다. 때때로 정신분석학의 힘을 빌려 그들이 자신의 본모습을 깨달을 수 있게 도와주고 싶다는 생각이 들기도 했다. 그들에게 깊은 연민, 이 단어에 있는 공격적인 요소를 모두 내포한 그런 감정을 느끼지 않은 적이 드물다. 연민이란 사랑만큼 미심쩍은 감정이다. 내가 좋아한 영화 〈푸른 목장〉*이 있다. 작품 말미에 화를 잘 내고 복수심에

....
*	〈푸른 목장(The Green Pastures)〉은 로아크 브래드퍼드(Roark Bradford)가 쓴 아프리카계 미국인의 민화 모음집 《Ol' Man Adam

불타는 야훼가 몽둥이를 들고 구름 위에 앉아 저 멀리 지구라는 행성에서 아들의 몸을 통해 자신을 십자가형에 처하는 모습을 지켜본다. 그는 크게 상심했고, 자기 분신인 아들이 마지막 탄식을 내뱉고 얼굴도 편안해지자 "이게 바로 연민이로다!"라는, 아니 그 비슷한 말을 했다. 하느님 아버지가 아닌 나는 내 안의 배타성을 다스리지 못할 때, 그러면서도 내 생각을 관철할 수 없을 때만 그런 감정을 느끼는 경향이 있다. 연민을 느끼는 사람은 자신을 주관적인 지배 위치에, 연민의 대상이 되는 사람을 의존적인 위치에 놓는다. 그렇게 해서 위안을 얻는 것이다. 하지만 우리는 자신이 확신하기 위해, 심지어 자만에 빠져서 타인을 설득하려는 이에게 얼마간 연민을 품어야 하는 게 아닐까? 정보가 부족하지 않다면 불안하지 않고, 불안하지 않다면 공감받아야 하는 신비주의적 확신도 없을 테니 말이다.

기독교적 마르크스주의에 대한 내 생각을 표현하기 위해 '삶의 의미' 장에서 사용한 언어학적 비유를 다시 들어보려고 한다. 그때 나는 생명체가 지니는 메시지의 의미는 인간이

----

an' His Chillun(늙은이 아담과 그의 애들)》(1928년)을 마크 코넬리(Marc Connelly)가 각색해 1930년 퓰리처상 드라마 부문을 수상했다. 1936년에는 영화로도 제작해 큰 성공을 거뒀다.

신앙
Une foi

이성적으로 파악할 수 없기에 신앙의 영역에 속한다는 점을 이해시키고자 했다. 예수가 이 의미를 제공했다고 생각하지만 왜 당신에게 제시할 증거가 하나도 없는지, 모든 인간에게 의식적인 시간을 갖게 한다면 그의 내면에 은연히 자리할 불안을 자극할 텐데, 왜 당신을 설득하기 위해 그조차 내켜 하지 않는지 설명했다. 이 불안은 모든 신앙을 의심스럽게 만들기도 하지만, 불행히도 부당함과 고통과 죽음이라는 감옥의 벽으로 스며 나오는 이 불안이 모든 종교의 기초가 된다. 예수가 성공한 비결은 강생함으로써 메시지에 의의를 부여하고 우리가 이해할 수 있는 기표를 제공한 것이다. 안타깝게도 기표는 인간이 진화한 시대에 따라 달라졌지만, 기의는 변하지 않았다. 그래서 우리는 다양한 언어로 같은 생각을 표현할 수 있는 것이다. 메시지는 우리의 지적 범위와 밀접하게 연결된다. 예수는 당시 잉여가치, 계급투쟁, 생산관계 등의 개념을 동원할 수 없었기에 기표로 우화를 활용해 이야기한 것은 당연하다. 반대로 마르크스는 기표인 통사론에 전적으로 몰입했다. 게다가 그는 행동 생물학, 정보 개념, 시스템론, 현대 수학이 획기적으로 발전시킨 글자와 규칙이 부족한 당시의 철자와 문법을 활용했다. 하지만 그는 존재론적 불안에 불완전한 답을 할 수밖에 없었다. 그의 메시지는 과학을 표방했기에 원칙적으로 끊임없이 수정돼야 했다. 그렇지만 마르크스 추종자들은 위로가 되는 신화가 얼마나 필요했는지 마르크스를 신격화하고 복음을 다루는 신학자들처럼 그의 저작을 대했다. 그들은 분석을 거듭한 끝에 좌절된 무의식이 기댈 곳을 그의 저작에서 찾았고, 이들에게 왜곡된 기표는 복음의 기의가 그랬듯 풍부한 해석의 빌미이자 사회적·경제적·정치적 지배와 폭력의 근원이 됐다. 이는 마르크스주의적 기표를 분석해서 나온 것이 아니라 마르크스주의자들이 전심전력으로 갈구하던 기의에 대한 필사적인 탐색에서 비롯됐다. 그들은 마르크스 이론에서 인간 삶의 '의미'를 찾고 싶었지만, 도구와 상품의 생산관계 속 호모파베르(도구의 인간)에게서는 메시지의 출처는 물론, 마르크스의 논리적 이론을 매개로 한 의미도 발견할 수 없었다. 그들은 메시지를 해독할 수 있는 수신자도 찾지 못했다. 사람들은 신비주의적인 수뇌부의 결정에는 동참하지 못한 채 노역 규칙을 받아들이며 여전히 기근에 허덕였다. 반면 기독교적 기의를 가진 기독교인은 마르크스주의적 기표에서 다듬어야 할 좀 더 현대적인 소재, 그들의 기의를 보급하기에 우화의 세상보다 적절한 현실 세계를 찾았다. 나는 여기서 현대 기독교와 마르크스주의가 접점을 찾았다고 생각한다. 하지만 우리가 현실과 상상, 작품과 모델을 일치시키는 것이 가능한지 여전히 의구심이 남는다. 우리가 오늘날 예수의 메시지에서 발견했다고

신앙
Une foi

믿는 기의는 현재 우리의 지식이 이해할 수 있는 기표에 대한 기의이기 때문이다. 다만 가장 혼란스러운 현상은 결과적으로 우리가 아닌 다른 것이 될 수 없는 이 구현된 상상이 인간의 선천적 불안을 언제 어디서나 치유하는 데 충분히 본질적인 불변 요소를 내포하느냐는 것이다.

그리고 또…

Et puis encore...

그리고 또…
Et puis encore…

태양! 빅뱅* 이후 회전하며 탄생하고 소멸하는 수많은 은하 사이 외진 곳에 있는 우리은하의 작은 별. 세상을 저 멀리까지 비추는, 유한하지만 성장을 멈추지 않는 태양! 그저 얼어붙은 돌덩이에 지나지 않았을 지구에 생명을 불어넣는 유일한 원천, 태양! 그 빛으로 모든 것이 움직이고 생명력을 얻는다. 그 따스한 빛을 받으며 무수한 원자가 어지러이 움직이고, 태양이 공전하면 난해한 법칙에 따라 서로를 찾아 결합하는 무수한 새로운 집단인 분자들이 태어난다. 마치 군중 속에 헤매던 남녀가 만나 사랑하

....
*   러시아 수학자 알렉산드르 프리드만이 1922년 처음 주장한 이래, 이를 지지하는 많은 증거가 관측되며 정상우주론을 제치고 정설로 자리 잡았다.

고 아이를 낳아 영속하듯. 생명이 생겨나면 형태를 갖춘다. 에너지에서 물질이 생겨났고, 이 물질에서 무생물을 자신의 이미지로 동화시키고 번식이 가능한 최초의 살아 있는 분자, 경이롭고 연약한 입자가 생겨났다. 이 입자는 보리알이나 눈 덮인 산봉우리 크기일 수도 있지만, 동일한 분자 속 동일한 원자들이 지루하고 무미건조하게 결합한 것만 재생산할 뿐이다. 바위처럼 견고하나 불안정하고, 그 자체로 끊임없이 새로워지는 생명체가 태어나고 성장하고 소멸하면 아무에게도 속하지 않는 원자와 분자로 되돌아간다. 유기물질의 공급원으로 되돌아가는 것이다. 이제 다른 생명이 이를 낚아채서 자신의 유기체를 구축한다. 그러나 탄생에서 죽음까지 어떤 분자 덩어리도 그 자리에 영구적으로 남지 않으며, 끊임없이 새로워진다. 힘과 만물은 태초에 모두 하나였고, 물질과 에너지도 결국 마찬가지다. 끊임없이 상태와 형태를 바꿀 뿐이다. 형태가 바뀌는 것은 물질에 형태를 부여하고 정보를 제공하는 것이 에너지이기 때문이다. 물질이나 에너지의 작은 조각은 그저 무작위로 결합하는 듯 보이는데, 이는 우리가 물질과 에너지를 지배하는 법칙에 대해 알지 못하기 때문이다. 이들 주위에 있는 공간과 시간은 결코 아무렇게나 움직이지 않는다. 물질과 에너지가 시공간을 자신의 법칙에 종속시키기 때문이다. 그리고 형태를 만들고 구조를 결정하는 정보를

그리고 또…
Et puis encore…

담은 이 법칙에 따라 물질과 에너지는 특별한 관계 속에 얼마간 고정된다.

  인간! 소량의 물질로 형태가 빚어진 존재로서, 생물계의 전체 역사를 담고 있다. 여러 건축가가 수 세기에 걸쳐 대성당을 세우듯이 인간의 뇌를 구축하는 데 수천 년이 걸렸다. 인간은 여전히 그 기초에 단순하고 원시적인 로마네스크 건축, 즉 어류와 파충류의 뇌를 간직하고 있다. 어류와 파충류는 처음 등장했을 때 생존이 우선이었다. 대기는 덥고 습했으며 하늘에서는 폭풍우가 쏟아졌다. 식물과 꽃, 나무와 그 굵은 줄기는 지구에 존재하는 모든 생명의 원천인 태양의 뜨겁고 강렬한 기운을 받아 무성했다. 어류와 파충류는 자기 몸을 만들기 위해 식물을 먹었는데, 식물은 태양에너지 덕분에 유기적으로 구성된 물질이다. 어류와 파충류는 번식도 해야 했다. 그들은 움직일 수 없는 식물과 달리 공간 이동이나 활보가 가능하다는 이점이 있다. 식물은 이 꽃에서 저 꽃으로 꽃가루를 옮기기 위해 바람이나 변덕스러운 곤충을 기다려야 했다. 식물은 뿌리를 내린 땅에서 자신의 생명체를 조직해야 했다. 반면 동물은 신경계 덕분에 움직일 수 있었다. 식물처럼 태양 빛을 자신의 구조로 변형할 수 없는 동물은 태양 빛을 자신의 형태 속에 가둔 식물의 양분을 흡수해 태양

에너지를 공급받았다. 동물은 신경계의 작용으로 기본적 욕구를 충족했다. 동물의 신경계는 감각기관을 통해 마실 만한 샘물, 먹을 만한 풀이나 곤충, 짝짓기 할 만한 암컷이 있는지 알려줬다. 동물은 신경계 덕분에 특정한 공간에서 어떻게 행동해야 하는지 알 수 있었다. 그러나 이 과정에서 신경계는 자기 몸을 구성한 세포 집단 전체의 욕구에 순종했을 뿐이다. 동물의 몸은 오래전 바다에서 고립된 세포를 세포군체로 결합하며 시작된 진화 과정의 산물이기 때문이다. 어느 사회에서나 그렇듯 동물의 몸속에서도 기능이 전문화되기 시작했다. 어떤 세포는 먹이를 흡수·가공·저장하는 일을 맡아 군집 내 전체 세포에 각각의 욕구에 부합하게, 각각 제공한 노동에 따라 다른 양의 양분을 공급했다. 다른 세포들은 세포 군집 전체를 보호할 피난처나 먹잇감 쪽으로 이동하도록 했다. 자신을 방어하기 위해 도망치거나 공격하고, 양분을 얻기 위해 먹이를 찾고, 번식을 위해 이성을 찾는 이 모든 행동은 원시적 신경계가 관장했다. 이 신경계는 종 차원에서 프로그래밍 된 전략 외에 새로운 전략을 만드는 일은 할 수 없었다.

또다시 수천 년이 흐른 뒤에야 비로소 신경이라는 대성당 기둥에 궁륭*과 공중 부벽*이 더해졌다. 포유류가 등장한 것이다. 이 상부 구조물에는 경험, 주변에서 일어난 일, 지나간 기쁨과 슬픔, 과거의 고통, 고통을 받지 않으려면 어떻게 해야 하는지 등에 대한 기억을 저장했다. 쾌락과 행복, 기쁨을 계속 느끼려면 어떻게 해야 하는지 등에 대한 기억도 저장했다. 물론 최초의 포유류에게는 선택할 여지가 없었다. 그들은 살거나 죽어야 했는데, 그들의 동기는 언제나 생존이었다. 이런 동기를 충족하기 위해 그때까지 원시적 신경계가 허락한 행동은 모두 단순했으나 개체가 사는 동안 습득한 경험으로 복잡해졌으며, 심지어 그 경험을 후대까지 물려줄 수도 있었다. 생존에 필요한 사물과 존재가 있어서 만족을 느낀 공간은 자신의 영역이 됐고, 생존을 위해서는 그곳의 사물과 존재가 필요하기에 뒷날 인간은 이를 소유물이라고 불렀다. 사느냐 죽느냐 하는 문제였기에 동물은 살기 위해 자기 공간 안에 있는 사물과 존재에 영향력을 미침으로써 자신의 구조를 유지한다. 다시 말해 원자를 분자로, 분자를 다시 세포와 기관으로, 기관을 계통으로 엮는 특별한 관계를 유지함으로써 생명체의 전체 구조를 형성하게 된다. 기억을 통해 행동은

.....
* 활이나 무지개같이 한가운데가 높고 길게 굽은 형상. 혹은 그렇게 만든 천장이나 지붕.
* 주벽(主壁)의 횡압을 지탱하는 반아치형 석조 구조물로, 고딕건축의 특징적 요소다.

현재에서 고립되지 않고, 지나갔지만 여전히 살아남아 고통스럽거나 즐거운 과거를 바탕으로 도피하거나 재현할 수 있도록 신경계의 대성당 속 자료실에 조직화된다.

그러나 신경계라는 대성당은 미완성이었다. 미래를 전망하고 상상하고 예견하게 할 수 있는 종탑과 종루를 덧붙여야 했다. 이 작업은 천천히 점진적으로 진행됐다. 수 세기에 걸쳐 유인원의 움푹 꺼진 이마가 조금씩 앞으로 나오면서 지금처럼 이마가 반듯한 인간의 두개골이 형성됐다. 이마 뒤에 있는 눈확이마엽은 기저 영역에서 올라온 기억 이미지가 섞이고 독창적인 방식으로 결합해 새로운 형태와 구조를 만들어낼 최적의 장이 된다. 세상이 이런 상상적 구조를 인정할지 알아보는 일만 남았다. 이는 행동으로 확인할 수 있었다. 경험을 통해 가설의 타당성을 확인하거나, 반대로 가설이 생존을 추구하는 일에 쓸모가 없음도 확인할 수 있었다.

그러나 대성당이 높아짐에 따라 주변의 물질세계도 올라갔다. 여러 세대를 거치면서 원래 부지에 새로운 재료가 쌓였다. 로마네스크 기초는 조금씩 땅속으로 사라졌고, 그런 기초가 존재한다는 사실조차 알지 못했다. 궁륭에도 기억이 쌓였지만 종탑 꼭대기에 쌓이는 기억과 달리 알 수 없는 순서로 쌓였다는 점을 알지 못했다. 유일하게 풍경을 볼 수 있는 종탑 꼭대기에서는 그 밑에 고대의 충동과 무의식화한 경험

그리고 또…
Et puis encore…

의 세계가 계속 살아 숨 쉬고 있다는 사실을 알지 못했다. 종탑 꼭대기에서는 사랑, 정의, 자유, 평등, 의무, 자발적 규범, 희생 등에 관해 이야기했다. 그곳에서는 행동할 수 있을 것이라 여기는 자유로운 공간이 저 멀리 보였기 때문이다. 그러나 종탑 꼭대기에서 논의한 것은 미사와 삼종기도 시각을 알리는 종 옆에 고립됐고, 종탑에서 벗어나려면 무의식화한 기억의 자료실로 내려와 충동 속에 파묻힌 기초를 통과해야 한다는 점을 알지 못했다. 원래 건축가는 밖으로 연결되는 지하 통로를 설계하지 않았다. 낡은 계단도 시간과 공간을 거슬러 올라가는 것을 불가능하게 했다. 종탑 꼭대기에서 논의한 것은 의식과 의식적이고 논리적 언어가 그보다 먼저 만들어진 예전 구조로 뒷받침되고 있다는 사실은 알지 못한 채 의식 속에서 평생 살아갈 운명이었다.

인간은 일찍이 이렇게 외쳤다. "공간이여, 네 안에 건설하리라! 네 안에서 만지고 느끼고 싶다. 나는 네 안에서 살아야 한다! 포도주의 신 디오니소스여, 사랑의 신 에로스여, 내 손으로 쥐어짤 포도송이와 젖가슴을 주소서. 섹스와 술, 쾌락과 즐거움을 주소서. 다른 누군가가 나보다 먼저 이 공간의 혜택을 누렸다면 전쟁의 신 아레스가 내 편을 들어서 내게 승리를 가져다주길! 공간이여, 네 안에서 내 팔을 풀어 형제를 공격하고 내 지배력을 확보하리라. 공간이여, 처음 태어났을 때 나는 너를 알지 못했다. 그렇지만 내 손과 입술은 더듬더듬 엄마의 젖가슴을 찾았고, 그 젖으로 내 허기와 갈증을 해소했다. 쾌감을 되찾고 안정되자 엄마의 다정한 목소리가 들렸고, 엄마 피부의 상쾌한 향기와 감촉이 느껴졌다. 엄마는 내가 욕망한 첫 번째 대상이자 내 욕구를 충족해준 첫 번째 샘이었다. 나만의 것이자 나 자체로 여긴 엄마 주위의 세상을 발견하고 놀랄 수밖에 없었고, 내게서 엄마를 앗아 갈 수 있을 것으로 보이는 세상을 원망했다. 내 쾌락의 원천을 잃을 수도 있다는 두려움은 사랑과 함께 질투, 소유, 증오, 불안을 발견하게 했다."

그러나 불안은 행동할 수 없기에 생긴다. 내 두 다리로 도피할 수 있고, 두 팔로 싸울 수 있고, 세상에 대한 경험으로 무엇을 두려워하거나 욕망할 수 있는지 아는 한 두려울 게 없다. 행동할 수 있기 때문이다. 하지만 인간 세상이 그들의 법칙을 지키라고 강요하고, 세상이 금지한 것에 의해 욕망이 부서지고, 손발이 차가운 편견과 문화의 사슬에 묶일 때, 나는 몸서리치고 신음하고 울부짖는다. 행동할 수 있을 것이라 여기던 자유로운 공간을 잃고 내 안으로 되돌아간다. 그리고 종탑 꼭대기에 틀어박힌 채 공상에 빠져 예술, 과학, 터무니없는 짓을 할 것이다.

슬프다! 나는 그런 짓조차 나를 위해 간직할 수 없었다. 지식의 세상에서 내가 만들어낸 지식은 곧 공간을 점유하고 사물과 존재의 사유재산인 지배권을 확립해 가장 강한 자들에게 쾌락을 제공하는 데 쓰였다. 나는 종탑 꼭대기에서 세상을 발견하고 이를 주시하며 물질을 지배하는 법칙을 찾을 수 있었지만, 대성당 골조 건축을 지배한 로마네스크의 둥근 아치와 고딕의 뾰족한 아치를 몰랐다. 세상을 바꾸고 공간을 차지하기 위해 내 상상력을 동원할 때도 초기 살아 있는 형태가 갖고 있던 맹목적 경험주의에만 의지했다.

상인들은 내 대성당 앞 광장에 상점을 세웠고, 저 멀리 아득한 지평선까지 그들이 차지했다. 그들은 바다와 하늘도 침범했고, 내 꿈속 새들은 날 수 없었다. 그 새들은 땅과 바다와 하늘을 가득 채운 상인 무리가 친 그물에 걸렸고, 상인들은 새의 깃털을 뽑아 가장 부유한 이들에게 팔았다. 부자들은 자기애를 과시하고 노예가 된 대중이 자신을 숭배하도록 깃털을 머리에 꽂았다.

내 꿈에서 태어난 빙하는 기술의 강에 물을 대는 데 쓰였고, 그 기술은 제조된 사물의 대양으로 흘러가 사라졌다. 수많은 지류와 저수지, 평야를 가로지르며 느리게 흐르는 이 풍요롭고 구불구불한 물길을 따라 계층이 형성됐다. 위계가 인간의 공간을 점유했다. 그에 따라 사물과 존재, 노동과 고통, 재산과 권력이 배분됐다. 내 꿈속 새의 화려한 깃털은 칼로 구멍이 뚫린 베개에서 빠져나오는 솜처럼 공간을 여기저기 무작위로 채웠다. 이 새의 깃털은 목 부위에 처음 생겨날 때 위풍당당하던 색의 배열을 간직하지 못하고 마구 흩어져 공기는 숨 쉴 수 없게, 땅은 살 수 없게, 물은 갈증을 해소할 수 없게 만들었다. 햇살도 더는 생명을 낳는 데 사용할 수 있는 미생물의 세계로 향하지 못했다. 초목과 꽃은 말라 죽었고, 수많은 종이 사라진 채 인간만 세상에 남았다.

인간은 쓰레기와 죽은 새 위에서 태양에 맞서 거만하게 일어섰다. 그러나 그가 아무리 팔을 뻗고 움켜잡아도 잡히지 않는 햇살에서 꿀은 나오지 않았다.

대성당 종탑 꼭대기에서 나는 그가 누워 죽어가는 것을 봤다. 깃털 구름이 천천히 땅으로 내려앉았다.

얼마 후, 땅을 덮은 얼룩덜룩한 깃털을 뚫고 줄기가 천천히 모습을 드러내고 곧 꽃망울이 맺혔다. 그러나 그 꽃향기를 맡을 인간은 아무도 없었다.

| 미주 |

1____Henri Laborit, *La nouvelle grille*, Robert Laffont, 1974.

2____ Henri Laborit, "Action et réaction. Ménismes bio et neurophysiologiques", *Agressologie*, 1974.

3____Hans Selye, "A syndrome produced by diverse noxious agents", *Nature*, 1936.

4____Henri Laborit, *L'homme et la ville*, N.B.S., Flammarion, 1971.

5____오늘날 내가 볼 때 천재성을 의심할 여지가 없는 살바도르 달리나 조르주 마티외 같은 예술가가 '도피자'인 동시에 '정착인'이라고 해도 될까? 하지만 그들의 '정착'은 그들 자신보다 대중의 손에 달려 있다.

6____Colin Turnbull, *Un peuple de fauves*, Stock, 1973.

7____ Henri Laborit, *La nouvelle grille*, Robert Laffont, 1974, p. 80.

8____Henri Laborit, *La nouvelle grille*, Robert Laffont, 1974.

9____Henri Laborit, *L'Homme imaginant*, UGE, 1970, p. 52.

10____아인슈타인이 질량과 에너지의 상호 변환 가능성을 보여주는 특수상대성이론($E=mc^2$)을 정리했지만, '일상'에서 확인되는 에너지 형태를 의미하는 이 두 단어를 우리는 계속 사용할 것이다.

11____Henri Laborit, *La société informationnelle. Idées pour l'autogestion*, Les Editions du Cerf, 1973.

12____Henri Laborit, *La nouvelle grille*, Robert Laffont, 1974.

13____Henri Laborit, *La société informationnelle. Idées pour l'autogestion*, Les Editions du Cerf, 1973.

14____Joël de Rosnay, "L'évolution et le temps", *Agressologie*, 1965. 6. 3. pp. 237~254.
Id., *Le macroscope. Vers une vision globale*, Éditions du Seuil, 1975.

| 옮긴이의 글 |

　　　　　　　　　　　　　　피할 수 없으면 즐기라고 한다.
해야 하는 일과 하면 좋은 일의 목록을 하나씩 수행하기 버거운 상황에 꽤 힘이 되는 말이다. 앙리 라보리는 전혀 다른 제안을 한다. "사회적 행동을 지배하는 신경계의 근본 메커니즘에 대한 지식"을 바탕으로 도피하라고, 도피만이 정상을 유지할 수 있는 생존 방법이라고 강조한다. 도피라고 하면 현실에서 도망치거나 의무를 회피하거나 책임을 방기하는 행동이라고 여겼는데, 귀가 솔깃하다.

　1976년에 출간된 《도피 예찬》은 로베르라퐁출판사가 기획한 사상총서 가운데 하나다. 당시 편집자는 '우리가 말하지 않는 것, 그러니까 삶의 본질적인 요소에 관한 생각'을 파고들려고 각계 저명인사에게 주제 20개를 제시했다고 한다. 외과 의사이자 신경생물학자, 철학자인 앙리 라보리는 이 주제들을 관통하는 인간의 행동, 인간이 맺는 사회적 관계, 사회구조에 관해 자신의 전공 분야 지식을 때로는 과학적이고 때로는 시적으로 풀어낸다.

라보리에 따르면, 인간은 삶에서 난관에 부딪혔을 때 투쟁이나 도피를 택한다. 투쟁을 위한 공격 끝에 보상받으면 유효한 행동 방식으로 기록되고, 그렇지 못하면 다음에는 행동 억제 체계를 작동한다. 그런데 이런 공격이나 억제는 사회적 관계를 맺는 타인을 위협하거나 자신에게 위해를 가할 수 있다. 도피는 생명체의 본성에 좀 더 부합하지만, 도피에도 여러 방식이 있다. 라보리는 상상계로 떠나 창의성을 발휘하는 도피에 방점을 찍는다. 이 도피야말로 뛰어난 적응 전략이고, 뒤로 하는 도피가 아닌 앞으로 하는 도피며, "메커니즘에 대한 이해를 바탕으로 더 효과적인 수단을 끊임없이 찾아내는 항구적인 혁명"이고, 도피를 예찬하는 이유라고 설명한다.

라보리는 이런 인간의 행동 메커니즘을 바탕으로 자신과 타인, 더 나아가 인간이라는 종을 분석하고 사랑의 달콤한 외피를 벗기고 자유와 행복의 허상을 파헤치고 죽음과 정치의 참모습을 드러낸다. 냉전 시대 프랑스 사회 현실을 배경으로 쓴 글이지만, 소비주의가 팽배하고 각자도생이 만연한 지금 한국 사회와 그 안에서 살아가는 나와 타인을 짚어보는 틀로 손색없다. 이해할 수 있다면 더디더라도 변화를 추구할 수 있다.

무한한 상상력과 기발한 창의성으로 구축한 세계를 선보이기로 유명한 작가 베르나르 베르나르는 《도피 예찬》을 자신의 인생 책으로 꼽았다. 베르나르에 버금가는 창작품을 내

놓아야 상상계로 도피하는 의미가 있다는 말은 아니다. 다만 한 박자 늦추고 잠시 도피하는 것도 정당한 선택지로 고려하기를 ….

서희정

| 지은이 |

앙리 라보리(Henri Laborit, 1914~1995년)

프랑스의 외과 의사, 신경생물학자, 철학자.
외과 의사로 출발해 기초과학 연구로 방향을 전환했다. 외상 환자의 수술 쇼크를 막기 위한 인공 동면 요법을 고안했으며, 이를 위해 최초의 신경안정제 클로르프로마진을 개발했다. 1951년 클로르프로마진을 정신 질환 치료에 처음 도입했고, 그 밖에도 향정신성 작용을 하는 수많은 분자를 발견했다. 외부 공격에 대한 유기체의 반응을 연구해 주요 증후군의 병태생리학적 발병 기전을 밝혀냈고, 새로운 마취 소생법을 고안했다. 라보리가 1958년 부시코병원에 설립한 근긴장생리학연구소(CEPBEPE)는 외부 도움 없이 자체적으로 출원한 특허 수익만으로 운영했다.
그는 자신의 연구를 바탕으로 《Biologie et structure(생물학과 구조)》(1968년), 《La Nouvelle grille(새로운 틀)》(1974년), 《La Colombe assassinée(살해된 비둘기)》(1983년) 등 과학과 철학, 심리학, 사회학, 경제학, 정치학 등 인간 행동에 관한 책 30여 종을 집필했다. 1960년 생리생물학과 약리학의 국제 학술지 《아그레솔로지(Agressologie)》를 창간해, 1983년까지 편집인을 역임했다.
누벨바그의 거장 알랭 레네 감독이 만든 영화 〈내 미국 삼촌(Mon oncle d'Amérique)〉(1980년)의 시나리오 작업에 참여하고 출연하기도 했다. 래스커상(1957년), 레지옹도뇌르훈장(1967년) 등을 받았다.

| 옮긴이 |

서희정

한국외국어대학교 불어과와 통번역대학원 한불과를 졸업하고, 같은 대학교와 대학원에서 번역을 가르쳤다. 옮긴 책으로《인류학자가 들려주는 일상 속 행복》《창의적이고 거대한 잡탕의 진화론》《자발적 고독》《꽃가루받이 경제학》《인상주의 : 일렁이는 색채, 순간의 빛》등이 있으며,《르몽드 디플로마티크》한국어판 번역에 참여하고 있다.

도피예찬

Éloge de la fuite

펴낸날	2024년 11월 22일 초판 1쇄
지은이	앙리 라보리 Henri Laborit
옮긴이	서희정
펴낸이	정우진 강진영 김지영
꾸민이	씨오디 color of dream
펴낸곳	도서출판 황소걸음
편집부	02-3272-8863
영업부	02-3272-8865
팩 스	02-717-7725
이메일	bullsbook@hanmail.net / bullsbook@naver.com
등 록	제22-243호(2000년 9월 18일)
주 소	(04091) 서울 마포구 토정로 222 한국출판콘텐츠센터 420호

ISBN 979-11-86821-96-1 (03860)

- 이 책의 내용을 저작권자의 허락 없이 복제·복사·인용·전재하는 행위는 법으로 금지되어 있습니다.